Historische Gaststätten in Franken

Alfred Höhn

Historische Gaststätten in Franken

echter

Umschlagbild: Gasthof »Goldener Hirsch« in Emskirchen, ehemals Poststation der Thurn und Taxis.

CIP-Kurztitelaufnahme der Deutschen Bibliothek

Höhn, Alfred:
Historische Gaststätten in Franken / Alfred Höhn. –
Würzburg : Echter, 1982.
ISBN 3-429-00796-8

Gesamtherstellung: Echter Würzburg,
Fränkische Gesellschaftsdruckerei und Verlag GmbH
ISBN 3-429-00796-8

Inhalt

Vorwort

Die Tradition des Gastgewerbes in Deutschland reicht bis in das ausgehende Mittelalter zurück, als neben kirchliche Hospize und städtische Spitale die konzessionierten Schenken, Herbergen und Gasthöfe traten. Diese waren notwendig geworden, da dem Anwachsen der Bevölkerung und dem immer mehr ansteigenden Verkehr anders nicht mehr entsprochen werden konnte.

Es gibt Nachrichten und Überlieferungen von alten Gaststätten, die bis in das 13. Jahrhundert zurückgehen, wenn sie auch oft nur Legende sind und urkundliche Belege erst aus späteren Jahrhunderten vorliegen.

Historische Gaststätten finden wir noch in allen deutschen Regionen, so auch in Franken. Zahlreiche alte Straßen, manche von hoher Bedeutung für den Fernhandel, haben dieses »Land deutscher Mitte« durchquert und die Entstehung ungezählter Herbergen und Gasthöfe bewirkt und gefördert. Sie waren in das Leben der Städte und Dörfer einbezogen, haben es mitgetragen und gaben im Auf und Ab der Geschichte ein Spiegelbild des gesellschaftlichen Lebens.

Nicht allzu viele haben bis heute überlebt, doch sind manche von ihnen gerade in unserer Zeit des modernen Tourismus zu neuer Blüte gekommen. Wenn große Hotels und komfortable Restaurants auch mehr und mehr das Gesicht der Gastronomie bestimmen, so ist der Gasthof »alter Art« doch wieder gefragt. Dabei reicht die Spannweite vom biederen Landgasthaus, in dem sich noch blankgescheuerte Tische, Holzbänke und Kachelöfen befinden, über gemütliche Weinstuben bis hin zu traditionsreichen gepflegten Restaurants und Hotels, die sich das Fluidum einer kultivierten Vergangenheit bewahren konnten. In ihnen spiegelt sich, trotz notwendiger Anpassung an gewandelte Verhältnisse, noch immer ein Ausschnitt unserer Kulturgeschichte.

Einführung

Gastrecht und Gastfreundschaft sind Ausdruck frühmenschlicher Beziehungen. Ursprünglich war jeder, der nicht zur Sippe, zum Stamm gehörte, ein Unbekannter, ein Fremder, vielleicht ein Feind, dem man mit Mißtrauen begegnete. Erst die Notwendigkeit, auch mit anderen in ein nachbarliches Verhältnis treten zu müssen, um mit ihm zu tauschen und zu handeln, um Botschaften entgegenzunehmen oder Bundesgenossen zu gewinnen, führte zur Gastfreundschaft, wenn auch nur »auf Zeit«.

Beim Zusammentreffen der Römer mit den Germanen war bei diesen das Gastrecht noch so ausgeprägt, daß es der römische Schriftsteller Tacitus in seiner »Germania« ganz besonders hervorgehoben hat. Das ist wohl nicht verwunderlich, denn den Völkerschaften des Römischen Imperiums war diese Form der allgemeinen Gastlichkeit durch die fortgeschrittene Zivilisation schon lange fremd geworden.

Als es im 5. Jahrhundert zur Bildung des Frankenreiches und danach zu seiner Christianisierung gekommen war, trat neben das überkommene Gastrecht das Liebesgebot der christlichen Lehre, das den Gläubigen in die Pflicht nahm, den Fremden zu beherbergen. Bis zum Ende des ersten Jahrtausends nach Christi Geburt wurden von der Kirche zahlreiche Hospitäler errichtet. Das gleiche taten die Klöster, unter denen die Benediktiner durch ihre Hospize an den Gebirgspässen besonders hervorgetreten sind. Stifte und Klöster haben außerdem die aus der Fremdenzelle entwickelten Fremdenhäuser geschaffen, von denen es hieß, daß der Gast besser verpflegt werden solle als die Insassen.

Bei den Adeligen gab es noch lange Gastrecht auf Gegenseitigkeit. Ihnen wie den Bauern fiel es leichter, Fremde aufzunehmen, als den Städtern mit ihrem häufig begrenzten Wohnraum. So entstanden durch Stiftungen wohlhabender Bürger auch in den Städten die Hospitale, in denen Reisende aufgenommen wurden: Kaufleute, Studenten, Pilger und Arme.

Dem »Gastungsrecht« der Kaiser und Könige, die mit ihrem Gefolge nicht nur in ihren Pfalzen einkehrten und Hof hielten, hatten in erster Linie der Adel und die hohe Geistlichkeit Genüge zu tun, doch wurden von diesen die Klöster und Städte beteiligt und Bauern zu Naturalleistungen verpflichtet, die ob dieser Ehre nicht immer sehr glücklich waren. Erst der Übergang von der Naturalwirtschaft zur Geldwirtschaft schuf dann die Voraussetzungen, »Gastgeben« gegen Entgelt tun zu können und es schließlich zu einem Gewerbe sich entwikkeln zu lassen.

Tavernen und Schenken, Hospize, Herbergen und Gasthöfe

Bierbrauer aus dem »Mendelschen Bruderhausbuch« (1. Hälfte 15. Jh.).

Schon bei den Römern gab es die »taberna«, die Weinschenke. Sie erscheint im deutschen Mittelalter als Taberne oder Taverne. Von ihrer Existenz erfahren wir durch Konzilbeschlüsse des 8. Jahrhunderts, die den Geistlichen ihren Besuch verboten, da dort »schändliche Worte« geredet und »streitsüchtige Reden« gehalten würden.

Derartige Schenken haben sich im Laufe der Zeit aber mehr und mehr verbreitet, da sie als konzessionierte Einrichtungen zur Förderung von Einnahmen der Grundherren und später der Städte sehr erwünscht waren. Eine der wohl ältesten Konzessionen ist aus der »Pax Bavariae« des Jahres 1244 bekannt, nach der nur die »taberna legitima« schenken durfte. Hinzu kam der Ausschank in den Kellern der Stifte und Klöster, in den Braustuben und den Ratskellern.

Zur Herstellung von Bier war die vom Grundherrn verliehene »Braugerechtigkeit« erforderlich. Die »Kunst des Bierbrauens« ist aber nicht erst seit dem Mittelalter gepflegt worden, sie ist fast so alt wie die menschliche Kultur und schon für die Babylonier, Ägypter, Griechen, Kelten und Römer überliefert. Für Mitteleuropa hingegen zählt erst die Zeit, als Mönche sich dieser Kunst annahmen, wenngleich es schon bei den Germanen ein bierähnliches Getränk gegeben hat.

Im Jahre 768 wird in einer Urkunde des Hochstiftes Freising ein Hopfengarten in der nahen Holledau erwähnt; in einer weiteren Urkunde aus dem 9. Jahrhundert heißt es, daß dem Erzbischof von Freising neben anderen Naturalien auch ein Fuder Bier zu liefern sei. Die älteste

Darstellung eines deutschen Bierbrauers stammt allerdings erst aus dem 15. Jahrhundert; es ist das Bild des »Bruders Bierbräu« in dem in Nürnberg entstandenen »Mendelschen Bruderhausbuch«.

Neben den fürstlichen, gräflichen, klösterlichen und städtischen Brauereien gab es schon im ausgehenden Mittelalter solche in privater Hand; manche haben sich über Generationen vererbt.

Der Anbau von Wein in Franken ist durch Urkunden der karolingischen Zeit überliefert. Auch hier waren es die Klöster, die seine Ausbreitung entscheidend gefördert und die Veredlung der Reben maßgeblich beeinflußt haben.

Der Weinbau war ursprünglich nicht auf die heute bekannten Gebiete am Main und an der Fränkischen Saale beschränkt. Er erstreckte sich bis zur Werra und bis zur Sinn, wie das durch alte Flurnamen bezeugt wird, und soll im 16. Jahrhundert eine Fläche um die 40000 Hektar umfaßt haben, während sie im heutigen Franken nur noch etwa ein Zehntel davon ausmacht.

Seit jener Blütezeit ging der Anbau von Wein aber bald zurück, vor allem nach dem Dreißigjährigen Krieg. So wurde er im nördlichen Franken zugunsten von Getreide, Obst und Hopfen erheblich geschmälert, in anderen Gegenden verdrängte der Hopfen den Rebstock ganz.

In Altbayern hatte der Weinbau schon wesentlich früher stark abgenommen, und der Bierkonsum war entsprechend gestiegen, doch galt damals auch dort das Bier aus »Aimpöck«, dem heutigen Einbeck in Niedersachsen, als das beste. Das »eimpöckisch Bier« – wovon sich der

Ernten und Keltern des Weines. Alter Holzschnitt.

»Der Wirt oder Gastgeb«. Holzschnitt von Erhard Schoen (1536).

Name des »Bockbiers« ableiten soll – wurde in jener Zeit an den Fürstenhöfen und von allen, die es sich leisten konnten, mit Vorliebe getrunken, so auch am herzoglichen Hof in München. Das sollte sich erst ändern, als die Vorschrift des Münchner Magistrates vom Jahre 1447, wonach Bier »nur allein von gersten / hopfen und wasser / und nichts darunter tun noch sieden« zu brauen sei, durch den Landtagsbeschluß des Jahres 1516 als »Reinheitsgebot« zum Gesetz im damaligen Herzogtum Baiern erhoben wurde.

Gewerblich betriebene Herbergen, in denen neben dem Ausschank auch für Speise und Unterbringung von Reisenden und für die Fütterung ihrer Pferde zu sorgen war, gab es schon seit dem 13. Jahrhundert. Auch hierfür bedurfte es einer Konzession, die nur der Grundherr gewähren konnte und die stets mit Abgaben verbunden war. Um eine solche Berechtigung zu erlangen, war ein unbescholtener Lebenswandel Voraussetzung, später – mit wachsender Selbständigkeit – kam der Nachweis von Vermögen hinzu. So war mancherorts die Konzession für einen Gasthof daran gebunden, daß der Wirt eine bestimmte Anzahl von Personen und Pferden unterbringen und mit Speise, Trank und Futter aufwarten konnte.

Der Wirt war deshalb nicht selten eine angesehene Persönlichkeit in der Gemeinde und in den Städten manchmal auch Ratsherr, obwohl es einen Zusammenschluß, anders als bei den Handwerkern, zu Zünften nicht gab. Doch hat sich das Schankrecht und die »Schildgerechtigkeit« häufig vererbt, bei manchen Familien über Jahrhunderte.

Diese Verleihung der Schildgerechtigkeit durch den Grundherrn war bis um die Wende des 18. und 19. Jahrhunderts erforderlich. Sie wurde zum Beispiel noch 1802 dem Wirt »Zur

Brezel« in Aschaffenburg durch den Erzbischof Karl von Mainz gewährt. So heißt es in der Urkunde: »... und die gebetene Schildgerechtigkeit zur Bretzel auf obgedachte seine Behausung zu ewigen Tagen gegen bare Erlegung siebzehn Gulden gnädigst mitgetheilet haben ...«.

Die »ewigen Tage« sollten damals freilich nicht mehr lange dauern. Der Reichsdeputationshauptschluß von Napoleons Gnaden, der das Ende des Heiligen Römischen Reiches Deutscher Nation signalisierte, brachte durch die Mediatisierung der geistlichen Fürstentümer neue Landesherren und ließ dann bald die freie Konkurrenz an die Stelle der alten Bindungen treten.

Der Name »Schildgerechtigkeit« für das Schank- und Herbergsrecht steht in unmittelbarem Zusammenhang mit der Absicht, dem Fremden durch ein Wirtshausschild kundzutun, daß er hier nicht nur Speise, Trank und Unterkunft finden könne, sondern auch Geborgenheit. Sicher geht diese Symbolik auf die ritterliche Gewohnheit zurück, Schild und Fahne als Zeichen des Friedens am Rastplatz aufzupflanzen.

Verbunden wurde dieses Signum der Gastlichkeit mit besonderen Kennzeichen, die dem Hause auch den Namen gaben und den Bereichen des menschlichen Lebens oder der Mythologie entnommen wurden. So gibt es Tiere wie Löwe, Adler und andere; Pflanzen wie Baum und Rose; Schankgeräte wie Faß und Krug; Namen wie Engel und drei Mohren und solche von Kaisern und Königen. Aber auch Begriffe aus der Lokalgeschichte und manches andere dienten der Kennzeichnung, nicht selten mit den Farben der heraldischen Skala rot, blau, grün, schwarz, gold und silber geschmückt.

Neben den Herbergen und Gasthöfen behaupteten sich die Schenken, denen nur der Ausschank gestattet war. Für die Garküchen hingegen galt, daß sie nicht schenken durften. Auch war die Aufnahme von Reisenden beiden ursprünglich nicht erlaubt, doch ließ man es schließlich bei armen Gästen und fahrendem Volke zu, was die Schildwirte nicht ungern sahen. Denn abweisen durften sie im Grunde niemanden, weshalb sie den Landstreicher, der kein Schlafgeld besaß, gleich in die Scheune verwiesen.

Neben den auf Dauer konzessionierten Schenken gab es solche »auf Zeit«. Brauen von Bier und Anbau von Wein geschah im frühen und zum Teil noch bis zum späten Mittelalter auch in privaten Haushaltungen. Dieser Eigenbau durfte zu besonders geregelten Zeiten ausgeschenkt werden. Zur Kontrolle war beim Bier ein Reif, beim Wein ein Strauß oder Busch am Haus anzubringen, wovon sich dann der Name »Buschen- und Straußenwirtschaft« ableitete.

Stecken eines »Reifens« als Zeichen des Bierausschanks. Holzschnitt (16. Jh.).

In der Wirtsordnung des Markgrafen Wilhelm Friedrich von Ansbach aus dem Jahre 1706 wurden für die Stadt Ansbach und ihre Vorstädte dreizehn konzessionierte Gaststätten genannt, daneben aber eine weit größere Zahl von »Zapffen- und Heckenwirtschafften«. Das geschah aber mit dem gleichzeitigen Hinweis, daß die Anordnung auch gegen »die dabey eingeschlichene Mißbräuch auch Exzeß und andere Unordnung« ergehe.

Aber nicht nur die Straußen- und Heckenwirtschaften waren den gewerblichen Wirten eine lästige Konkurrenz, größer war die Schmälerung ihres Verdienstes durch die Zunftstuben der Handwerker und die Herrentrinkstuben der Patrizier. Hinzu kam der schon erwähnte Ausschank in den Stifts- und Klosterbraustuben wie in den Ratskellern, die alle miteinander im Wettbewerb waren. Da der Anbau von Wein und das Brauen von Bier mit dem Anwachsen der Bevölkerung aber Schritt hielten, kamen wohl alle Beteiligten zu ihrem Recht.

Dennoch gab es immer wieder Streit zwischen den Konkurrenten, der von der Obrigkeit geschlichtet werden mußte. Als zum Beispiel die Erbschenkstatt »Schwarzer Adler« in Mögeldorf anno 1736 an die Brandenburger fiel und sie damit nicht mehr nürnbergisch war, erließ der Nürnberger Rat eine Anordnung, in der es hieß: »... nachdem wegen genannten Wirts Eigen- und Vogteiherrschaft bekanntermaßen eine Änderung sich ergeben, allen Nürnberger Bürgern, Schutzverwandten und Angehörigen verboten ist, bei demselben zu zechen oder Getränke abzuholen.« Für die fränkischen Agrarlandschaften waren Wein und Bier eben ein bedeutender Wirtschaftsfaktor, und so kam es zum Rechtsstreit vor dem Reichskammergericht, bei dem sich Nürnberg auf das Kaiserliche Privilegium Fridericianum von 1464 berief, »daß so oft der Rat wahrnehme, daß eine Schenkstatt innerhalb der Meil, der Stadt schädlich und nicht füglich sei,

selbige nicht bleiben noch bestehen, sondern abgetan werden soll.«
Die Brandenburger konnten aber nun ihrerseits nachweisen, daß die Erbschenke schon auf Lehensbriefe der Jahre 1398 und 1400 zurückging, und so zogen die Nürnberger diesmal den kürzeren.
Nicht anders erging es dem Rat von Brückenau mit den Herren von der Tann über das Weinschankrecht im nahegelegenen Römershag. Die Brückenauer hatten dieses Recht für ihre Stadt vom Fuldaer Fürstabt 1341 erhalten und es später auf die »Bannmeile« ausgedehnt. Die Bewohner der Orte innerhalb des Banngebietes waren dadurch gezwungen, alle Zechen im Stadtwirtshaus von Brückenau abzuhalten oder den Wein von dort zu holen. Hierüber hatte es natürlich häufig Streit gegeben, so auch 1585 mit Römershag, doch gelang den Herren von der Tann, den Rechtsstreit vor dem kaiserlichen Kammergericht in Speyer zu gewinnen. Da sie nun in dem Dorf auch eine Schenke errichteten, war alles zusammen wohl eine deutliche Schmälerung der für Brückenau wichtigen Einnahmen. Die Stadtväter machten immer wieder von neuem Eingaben und erreichten schließlich bei der Regierung von Fulda, daß im Jahre 1625 die »Schläge«, das heißt die Waldwege, nach Römershag und Schondra geschlossen bleiben mußten, »damit die Fuhr- und Wandersleut die rechte Straße ziehen, also auf Brückenau zu kommen gewießen werden mögen«. Das erwünschte Anwachsen des Wein- und Bierkonsums aus wirtschaftlichen Gründen hatte für die Obrigkeiten, besonders in den Städten, freilich auch eine Kehrseite. Trink- und Gaststuben waren von jeher Treffpunkte geselligen Beisammenseins, und es wurde dem Trunke oft gefrönt. Um Exzessen vorzubeugen, wurde das Vergnügen reglementiert. So heißt es in einer Verordnung aus dem 14. Jahrhundert: »Unsere Herren vom Rate gebieten, daß fürderhin keine Schenke, Wirt oder Gastgeber noch irgend jemand in deren Auftrag nach dem Läuten der Feuerglocke einen Trunk geben soll.«
Trotzdem hat es in den Zeitläufen immer wieder Auswüchse gegeben, die den Behörden Anlaß zu neuen Verordnungen waren. Am 19. März 1582 ließ der »Hochedle Rhat« von Nürnberg zum Beispiel verkünden, daß jegliches Karten-, Brett- und Würfelspiel untersagt sei, weil dabei »Gotteslästerung/Sauferey/Mord und Todschlag« immer wieder vorkämen.
Auch sonst wurden den Wirten strenge Auflagen gemacht. Eine schriftliche Anmeldepflicht ist schon im 15. Jahrhundert nachweisbar, und über das, was der Gastgeber zu leisten hatte und dafür einnehmen durfte, gab es vielerorts feste Taxen. Sie haben sich bis zum Ende des »Alten Reiches« gehalten, wie eine behördliche

Bierablader in der Schenke. Kupferstich von J. A. Boeners (1700).

Vorschrift für den ehemaligen Gasthof »Adler« in Aschaffenburg aussagt. In einer »Tax-Ordnung, nach welcher die Herren Passagiers und sonstige Fremde in dem Gastwirtshaus zum Goldenen Adler zu bezahlen haben«, sind die Logiepreise für die einzelnen Zimmer festgelegt, auch die Preise für die Speisen sind genannt, desgleichen das Stallgeld »ohne Haber und Heu von jedem Pferd« ist taxiert, nur der Weinpreis ist »nach belieben«. Des weiteren heißt es in dieser Vorschrift:

»Gegenwärtige Verordnung wird hiermit zu jedermanns Wissenschaft und Nachachtung um deswillen in allhiesigen Gastwirtshäusern angeschlagen, damit die Eintretende sämtlich hohe und niedere Gäste mit angesetzten Preis bewirthet, und dargegen dasjenige nach dem Ansatz deren Logie und Speisen zahlen können, die Wirthe hätten sich darnach in allem so zu betragen, daß von solchen Gästen in keinem Stück in Service sowohl als der sonstigen Beherbergung Klage geführt werden möge, widrigenfalls die hiegegenhandelnde mit 2 Rthld. Herrschaftlicher Straf belegt werden sollen. Aschaffenburg den 28. Juli 1783. Ex mandato J. Tempel, Stadtschreiber.«

Für die Güte der Getränke, ob Bier oder Wein, wurden schon frühzeitig, besonders in den Städten, »Bierkieser« und »Weinprüfer« eingesetzt, die mit aller Strenge darauf zu achten hatten, daß nur guter Wein und »ein ehrlich Pier« zum Ausschank kamen. Verstöße wurden mit Strafen geahndet; sie konnten manchmal drakonisch sein, wie zum Ende des 15. Jahr-

»Wie zu Nürnberg der Schmierwein in das Wasser geführt worden«. Kupferstich (16. Jh.).

hunderts in Nürnberg. Damals wurden Fässer des »untrincklichen sauren Piers« zur Pegnitz gefahren und der Inhalt in den Fluß geschüttet. Genauso erging es – ebenfalls zu Nürnberg – dem »Schmier-Wein«, wie aus einem Kupferstich des 16. Jahrhunderts zu ersehen ist.

In den alten Gasthäusern wurde die Zeche mit Kreide auf ein Zahlbrett geschrieben; dabei verwendete man Kreise, Halbkreise und Striche, die den Wert in Münzen ausdrückten. Es ließ sich also ablesen, wer »in Kreide stand«.

Neben den Getränken haben die Speisen in den Gaststätten natürlich zu allen Zeiten eine wichtige Rolle gespielt. Wie man den Quellen entnehmen kann, waren sie bis zum 14. Jahrhundert überall noch recht einfach, wobei es wohl mehr auf die Menge ankam. Doch scheint sich das seit dem folgenden Jahrhundert schon deutlich geändert zu haben, sowohl was die Quantität als auch was die Qualität betrifft, die den Trend zur Feinschmeckerei für wohlhabende Gäste deutlich werden läßt. Auch begann sich bei Tisch die noble Gesittung der Renaissance auszubreiten, die wie der verfeinerte Geschmack aus Italien und Frankreich übernommen wurde. Natürlich gilt das nur für die Städte, wo das Erstarken des Bürgertums mit wachsendem Wohlstand so etwas erlaubte.

Anders sah das bei den ländlichen Gasthöfen aus, deren Wirte in der Regel auch Land- und

Ein Tisch zucht.

Hör Mensch so du zu tisch wilt gon
Dein hend solt du gewaschen hon
Lang negel zymen auch nit wol
Die man heymlich abschneiden sol
Am tisch setz dich nit oben an
Der haußvatter wöls dan selber hon
Der Benedeyung nit vergiß
Inn Gottes nam heb an vnd iß
Den Eldisten anfahen laß
Darnach iß züchtiglicher maß
Nit schnaude oder sewisch schmatz
Nit vngestümb nach dem brot platz
Das du keyn gschirr vmbstossen thust
Das brot schneid nit an deiner prust
Das geschnitten brot oder weck
Mit deinen henden nit verdeck
Vnd prock nit mit den zenen eyn
Vnd greyff auch für dein orth aleyn
Thů nit in der schüssel vmb stüren
Darob halten will nit gepüren
Den Löffel nim̃ auch nit zu fol
Wan du draiffest es stet nit wol
Greyff auch nach keyner speise meer
Biß dir deyn mundt sey worden leer
Red nit mit follem mund sey messig
Sey in der schüssel nit gefressig
Der aller letzt drinn ob dem tisch
Zerschneid das fleysch vnd prich die fisch
Vnd kewe mit verschlossem mund
Schlag nit die züg auß gleich eim hund
So du ist thu nit geitzig schlincken
Vnd wisch den mund so du wilt trincken
Das du nit schmaltzig machst den wein
Trinck si..ch vnd hust nit dar ein
Thu auch nit gröltzen oder kreisten
Schüt dich auch nit vnd sey am weisten
Setz hübschlich vngeschütet nider
Bring keim andren zu trincken wider
Füll keyn glaß mit dem andren nicht
Würff auch auff niemant dein gesicht
Als ob du merckest auff sein essen
Wer neben dir am tisch ist gsessen
Den yrre nit mit dem elbogen
Sitz auffgerichtet fein geschmogen
Ruck nit hin vnd her auff der penck
Das du nit machest ein gestenck
Dein füß las vnderm tisch nit gamppern
Dar zu hüt dich vor allen schamppern
Wortten/nachreden/gespöt vnd lachen
Sey erbarlich in allen sachen
Zu pulercy laß dich nit mercken
Thů auch niemant auff hader stercken
Gezenck am tisch gar übel stat
Sag nichts darob man grawen hat
Vnd thů dich auch am tisch nit schneütz
Das andre nit vor dir thon scheützen
Gee nit vmbzausen in der nasen
Deß zanstüren solt du dich massen
Im kopff solt du dich auch nit krawen
Der gleich sollen junckfraw vnd frawen
Nach keynem floch hinunder vischen
Anß tischtuch soll sich nimant wischen
Auch leg den kopff nit in die hent
Leyn dich nit hinden an die wendt
Biß das mal hat seinen auß ganck
Dan sag Gott heymlich lob vnd danck
Der dir dein speise hat beschert
Auß vetterlicher hant ernert
Darnach solt du vom tisch auffsten
Dein hent waschen vnd wider geen
An dein gewerb vnd arbeyt schwer
So spricht hãs Sachs Schuchmach-
(er.

Gedruckt zu Nürnberg durch
hanns Wandereisen.

»Ein Tischzucht«. Kupferstich mit dem Text von Hans Sachs (16. Jh.).

Viehwirtschaft betrieben, so daß die eigenen Produkte verwertet wurden. Und so kommt es nicht von ungefähr, wenn noch heute beim Landgasthof das Attribut der eigenen Schlachterei für viele ein ganz besonderes Gütezeichen ist.

Speisekarten lassen sich seit dem 17. Jahrhundert nachweisen. Sie setzten sich durch, als das Angebot vielfältiger und das Speisen à la carte immer gebräuchlicher wurde.

Was die Übernachtung anging, so waren die Reisenden ursprünglich gezwungen, sich mit den Gegebenheiten abzufinden, und das konnte auch ein Nachtlager in einem manchmal voll belegten Schlafsaal bedeuten. Natürlich traf das nicht für solche vornehmen Standes zu, die bei ihresgleichen untergebracht wurden.

Im 16. Jahrhundert gab es in den angesehenen Gasthöfen aber bereits Einzelräume, die für das gehobene Publikum gegen entsprechend hohen Preis zur Verfügung standen. In den erstrangigen Häusern kam später auserwähltes Mobiliar hinzu, wodurch das Reisen im 17. und 18. Jahrhundert auch für anspruchsvolle Gäste größeren Anreiz bot und »Bildungsreisen« mehr und mehr in Mode kamen.

Wenn das Gastgewerbe seit der Renaissance nicht nur angesehen, sondern in guten Zeiten auch recht einträglich gewesen ist, so hatten es die Wirte der Vergangenheit in Not- und Kriegszeiten nicht leicht. Es war überkommene Verpflichtung, dem Gast im Hause Sicherheit zu gewähren, weshalb das Mißtrauen gegen fahrendes Volk, Bettler und streunendes Gesindel weit verbreitet und durchaus berechtigt war.

Kriege wie der Bauernkrieg, in denen die Gastwirte die durchziehenden Heerhaufen gewollt oder ungewollt unterstützten, brachten ihnen manche Einbußen und im schlimmeren Fall den Verlust der Konzession oder gar des Lebens. Besonders der Dreißigjährige Krieg mit den nicht endenwollenden Durchzügen der Kaiserlichen wie der Protestanten, mit erzwungenen Einquartierungen und ständigen Forderungen nach Speise und Trank ohne Entgelt in barer Münze, ließen die Betroffenen in arge Bedrängnis geraten. Es ist deshalb nicht verwunderlich, wenn der Wirt »Zum Riesen« in Miltenberg sein Schild einziehen und niemanden mehr aufnehmen wollte, als in den ersten Novembertagen 1621 General Tilly mit einer Armee gegen die Stadt rückte. Der Rat wies jedoch an, der Wirt habe seinen Gasthof für jedermann offen zu halten, und es war natürlich Tilly selbst, der mit seinem Gefolge in der alten Fürstenherberge abstieg.

Klagen gab es zu jener Zeit auch von den Brauhäusern. So berichtet eine Urkunde des Jahres 1641 aus der damals zur Pflege Coburg gehörenden Stadt Eisfeld: »Das Brauen, ehemals ein gut bürgerlich Gewerb, ist ein gut bürgerliches Verderben geworden. Denn wenn etwas in Vorrat, kommen die Soldaten, saufens aus und geben nichts davor«.

Zu den frühesten Berichten über Gaststätten in Deutschland zählt der des italienischen päpstlichen Sekretärs Poggio Bracciolini aus dem 15. Jahrhundert, der hierin sehr positive Eindrücke schildert. Auch der Autor berühmt gewordener Essays, der französische Philosoph Michel de Montaigne, weiß in seinen Reiseschilderungen viel Gutes zu berichten. Hierzu in krassem Gegensatz steht eine satirische Abhandlung des Humanisten Erasmus von Rotterdam aus dem zweiten Jahrzehnt des 16. Jahrhunderts, in dem er einen Gasthof schildert, der allen Ständen diente, ein Umstand, der ihm sicherlich nicht behagt hat. Er läßt denn auch an allem, was er dort vorfand, in seinem bissigen Bericht keinen guten Faden.

Die Schilderungen des Erasmus riefen einen Zeitgenossen, den Prediger Johann Agricola auf den Plan, der in einer Schrift die deutschen Gasthöfe und Wirte in Schutz nimmt: »Und wievol der hochgelert Herr Erasmus von Rotterdam ... die Teutschen herbrige höchlich verlachet und verhöhnet und rhümet dagegen Welschland, Frankreich und andere Nationen, so muß doch jedermann dem Teutschen Land den Rhum billig geben, das, wo er in ein herberg kompt, so ist er als sicher seines leibs und guts als were er daheim in sein eigen hauß on schew und gefar, das doch sonst in keiner nation mehr ist, weder in Welschland noch Frankreich«.

In den renommierten Gaststätten war es freilich üblich, daß die vornehmen Gäste die besten Zimmer und an der Tafel die besten Plätze zugewiesen bekamen, für die sie dann auch mehr zu zahlen hatten. So hat schon Till Eulenspiegel über eine Herberge in Bamberg berichtet, daß die Wirtin ihn fragte, ob er an der Tafel oder um des Pfennigswerts speisen wolle. Denn es gab drei Tische: den Herrentisch, eine zweite Tafel und einen Gesindetisch, wo die Bediensteten und die armen Reisenden saßen. Einen besonderen Status unter den Gasthöfen

Am Herrentisch. Holzschnitt aus Fischarts gereimtem Eulenspiegel (1573).

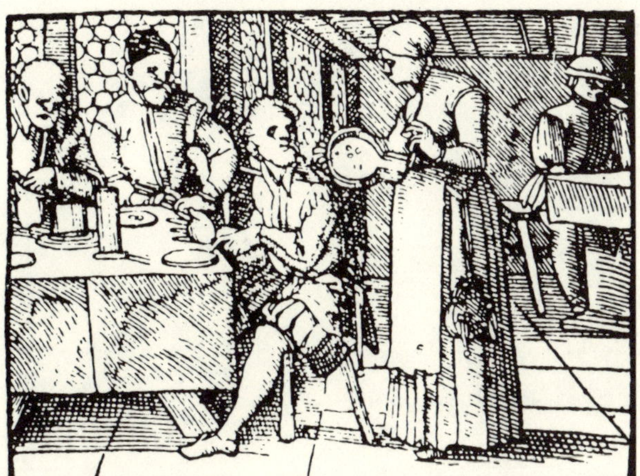

Am Wirtstisch. Holzschnitt aus Fischarts gereimtem Eulenspiegel (1573).

Der Fuhrmann von Flammersbach. Kupferstich von Jost Amann (1577).

gewannen schon frühzeitig die »Fürstenherbergen«. Das »Jus hospitanti«, das Beherbergungsrecht der Kaiser, Könige und anderer Grundherren, war wegen der Häufigkeit ihrer Reisen und der meist zahlreichen Gefolgsleute für die Städte nicht einfach zu bewältigen. So wurden auch Adelshöfe und Patrizierhäuser in Anspruch genommen, aus denen verschiedentlich angesehene Gasthöfe hervorgegangen sind.

Spätestens seit dem 15. Jahrhundert dienten auch bestehende Gasthöfe der Beherbung illustrer Gäste. In diesen Fürstenherbergen, die ihren Ruf nicht selten über lange Zeiträume erhalten konnten, wurden aber auch Bürger und Bauern zu niedrigeren Taxen untergebracht, was ihrem Renommee jedoch keinen Abbruch tat.

An Fernstraßen entstanden besondere Fuhrmannsgasthöfe, die für Rösser und Wagen ausreichend Platz bieten mußten und manchmal auch eigene Pferde zum Vorspann und zum Wechsel stellten. Die Fuhrleute im Dienst ihrer Auftraggeber waren durch ihre ständigen und oft von vielerlei Gefahren bedrohten Reisen ein eigenwilliger Menschenschlag, der selbstbewußt nach seinen Bräuchen lebte und sich seines Wertes bewußt war. »Kein Kaiser und kein König kann ohne Fuhrmann sein«, so heißt es in einem alten Lied. Die Fuhrmannspoesie war weit verbreitet, und allerorten wurden die gleichen oder die ähnlichen Lieder gesungen, wenn die Fuhrleute am Abend in ihren Gasthöfen beisammensaßen.

Auch die Wasserstraßen haben zur Entstehung von Gaststätten beigetragen. Die Bedeutung des Mains als dem wichtigsten Fluß in Franken war mit dem wirtschaftlichen Aufstieg der Anliegerstädte Mainz, Frankfurt, Aschaffenburg, Würzburg und Bamberg gewachsen. Diese Städte und später zahlreiche andere bekamen das Recht zur Erhebung von Zöllen, einem ursprünglich königlichen Regal, das an die Landesherren überging und von ihnen an die Städte weitergegeben wurde. Noch älter war das königliche und fürstliche Recht, Flußübergänge – seien es Furten oder Brücken – zu kontrollieren und zu besteuern.

So ergab es sich zwangsläufig, daß entlang der Wasserwege an Übergängen oder an Schiffsanlegern und in Hafenorten Rasthäuser und Gasthöfe entstanden, die Namen wie »Zum Brückenwirt«, »Zum Schiff« und »Zum Anker« trugen. Hier fanden die Schiffer und die Fuhrleute, die am Anlegeplatz die Waren zum Umschlag abholten oder sie brachten, aber ebenso die Reisenden Rast und Unterkommen.

Zu den Gästen zählten auch die »Leinenreiter«, die von den Schiffern angeworben wurden, um die Lastkähne stromaufwärts ziehen zu lassen. Es wird ihnen nachgesagt, daß sie in den Gasthöfen gern gesehen waren, da sie meistens große Zechen machten. Ihre Arbeit erforderte kräftige Pferde und geschickte Lenker, die Treidelwege waren in schlechtem Zustand, und so hatten die Schiffer nicht nur einen guten Lohn zu zahlen, sie mußten auch Reiter und Rösser verköstigen.

Der Briefverkehr wurde im Mittelalter durch Boten erledigt, den Güterverkehr übernahmen die Fuhrleute, später waren es auch die Metzger, die zum Viehkauf über Land ritten und Briefe und Waren mitnahmen. Zu einer organisierten Ausbildung des Postwesens kam es aber erst seit dem Ende des 15. Jahrhunderts, nachdem Maximilian I. den aus Oberitalien stam-

Anlegen am Schifferwirtshaus. Holzschnitt von I. G. Unger.

menden Franz von Taxis beauftragt hatte, einen ständigen Kurierdienst mit festen Postkursen in seinen weitverzweigten Landen einzurichten.
Hierüber berichtet eine Memminger Chronik des Jahres 1490:
»In diesem Jahr fingen die Posten an bestellt zu werden aus Befelch Maximilians I. Römischen Königs, von Österreich bis in Niederland, in Frankreich und bis nachher Rom. Es lag allweg fünf Meil Wegs ein Post von der andern, einer war zu Kempten, einer zu Bleß, einer an der Bruck zu Elchingen und also fortan immerdar fünf Meil Wegs von einander und mußt allweg ein Bot des andern warten, und so bald der ander zu ihm ritt, so blies er ein Hörnlein, das hört ein Bot, der in der Herberg lag und mußt gleich auf sein«.
Aus diesem Streckendienst entwickelte sich unter den späteren Kaisern durch die zu erblichen Generalpostmeistern ernannten Herren von Thurn und Taxis ein weitverzweigtes Postnetz, in das seit dem Ende des 17. Jahrhunderts auch die Personenbeförderung einbezogen wurde. Fahrende Post gab es um 1715 in Franken von Nürnberg nach Würzburg und Aschaffenburg,

Postreiter im Jahr des Westfälischen Friedens. Holzschnitt (1648).

Leinenreiter und Schiffer vor Antritt zur Treidelfahrt. Kohlezeichnung von Boehle.

nach Bamberg und Coburg, nach Bayreuth und Hof, nach Schwabach und Weißenburg und nach Regensburg; reitende Post von Würzburg nach Schweinfurt und Königshofen, nach Bamberg und Mergentheim, von Coburg nach Bayreuth, von Nürnberg nach Heilsbronn und Ansbach, nach Hersbruck und Amberg und von Schwabach nach Gunzenhausen.

Das Postwesen hat bewirkt, daß der besondere Typus der Postgasthäuser entstand. Sie waren Ausgangs- und Durchgangsstationen für reitende Boten und für Postfuhrwerke, sie hatten für Verpflegung, frische Pferde zum Wechseln und auch für Unterkunft zu sorgen. Mit wachsendem Personenverkehr stiegen Zahl und Ausstattung der Postgasthöfe, die Wirte waren zumeist auch Posthalter, und das Amt ist häufig über Generationen weitergegeben worden.

Als Eisenbahnen die Postkutschen ablösten und die Pferdefuhrwerke überflüssig machten, entstanden neue Hotels, oft in Bahnhofsnähe und an anderen günstigen Plätzen. Es kam eine Zeit des Umbruchs im Reiseverkehr, die des alten Gasthofs Blütezeit beendete und diesen nicht selten zu einem Haus zweiten oder dritten Grades herabsteigen ließ. Viele von ihnen haben nicht überlebt. In den letzten Jahrzehnten hat die Motorisierung die Straßen aber erneut zu Hauptadern des Verkehrs gemacht, und so fanden auch manche der historischen Gaststätten wieder eine neue Aufgabe in der veränderten Welt des Reisens.

Die Straßen

Pfalzen, Klöster, Märkte und Städte des Mittelalters sind an Straßen entstanden, haben aber auch ihrerseits den Verlauf von Straßen und deren Bedeutung beeinflußt. Auf ihnen zogen Kaiser, Könige und Fürsten, Boten und Soldaten, Kaufleute, Mönche, Pilger, Studenten und fahrendes Volk.

Historische Gaststätten finden wir deshalb an alten Straßen, die manchmal auf vor- oder frühgeschichtliche Wege zurückgehen, nicht selten aber auch noch heute in Teilstücken die Routen moderner Straßen sind.

Die ältesten Straßenkarten Deutschlands sind die »Romweg-Karte«, eine Pilgerkarte zum Heiligen Jahr anno 1500, und die Landstraßenkarte aus dem Jahre 1501. Beide haben den Nürnberger Kompaßmacher Erhard Etzlaub als Autor.

In der letzteren, die umfassender ist als die erste, wie auch in weiteren Straßenkarten fränkischer Autoren des 16. und 17. Jahrhunderts lassen sich zahlreiche Straßenzüge feststellen, die Franken durchqueren oder berühren. Die meisten von ihnen verbinden Nürnberg als Handelsmetropole von hohem Rang mit weit entfernten Städten in allen Teilen Europas: mit Bremen, Rostock, Thorn, Wien, Venedig und Paris, um nur einige zu nennen.

In der Karte »Franckenlandtt« des Michael von Eitzing, die ein Blatt des »Itinerarium Orbis Christiani« aus dem Jahre 1579/80 ist, hat der Autor Würzburg in den Mittelpunkt gestellt. Bei ihm gibt es zehn von der alten Bischofsstadt ausgehende Straßenzüge, für die er am Kartenrand auch die Fernziele durch entsprechende Eintragungen angibt: Lübeck, Leipzig, Prag, Augsburg, Straßburg, Heidelberg, Frankfurt.

Neben den alten Straßenkarten gab es noch die Itinerare. Das waren »Wegelisten«, in denen Etappenorte von Reiserouten aufgezählt und ihre Entfernungen zueinander genannt wurden. Sie waren schon im 13. und 14. Jahrhundert bekannt und sind als die Vorläufer der Wegekarten anzusehen; es gab sie aber noch bis in das 17. Jahrhundert, wie zum Beispiel der »Wegzeyger« des Johann Schirmer, der 1613 in Nürnberg gedruckt wurde und 24 Reiserouten mit 545 Etappenorten mit Nürnberg als Ausgangspunkt nennt.

Mit dem Anstieg der Personenbeförderung ließen es sich auch Postwirte angelegen sein, ihren Gästen eine Tafel mit den Reiseorten bereitzuhalten. So der »Wirth und Gastgeber zum Rothen Roß« in Nürnberg, einem alten Fuhrmannsgasthof, der später als das Hotel ROTES ROSS bekannt war; er zeigte auf einer Tafel mit 15 Routen die Etappenstrecken mit der Angabe der einzelnen Entfernungen auf einer Tafel an. Der Dienst am Kunden, den man heute lieber »Service« nennt, auch wenn es das gleiche ist, er war es schon damals, der den Ruf eines guten Hauses mitbestimmte.

Meilenzeiger der Postrouten im »Rothen Roß« in Nürnberg (18 Jh.).

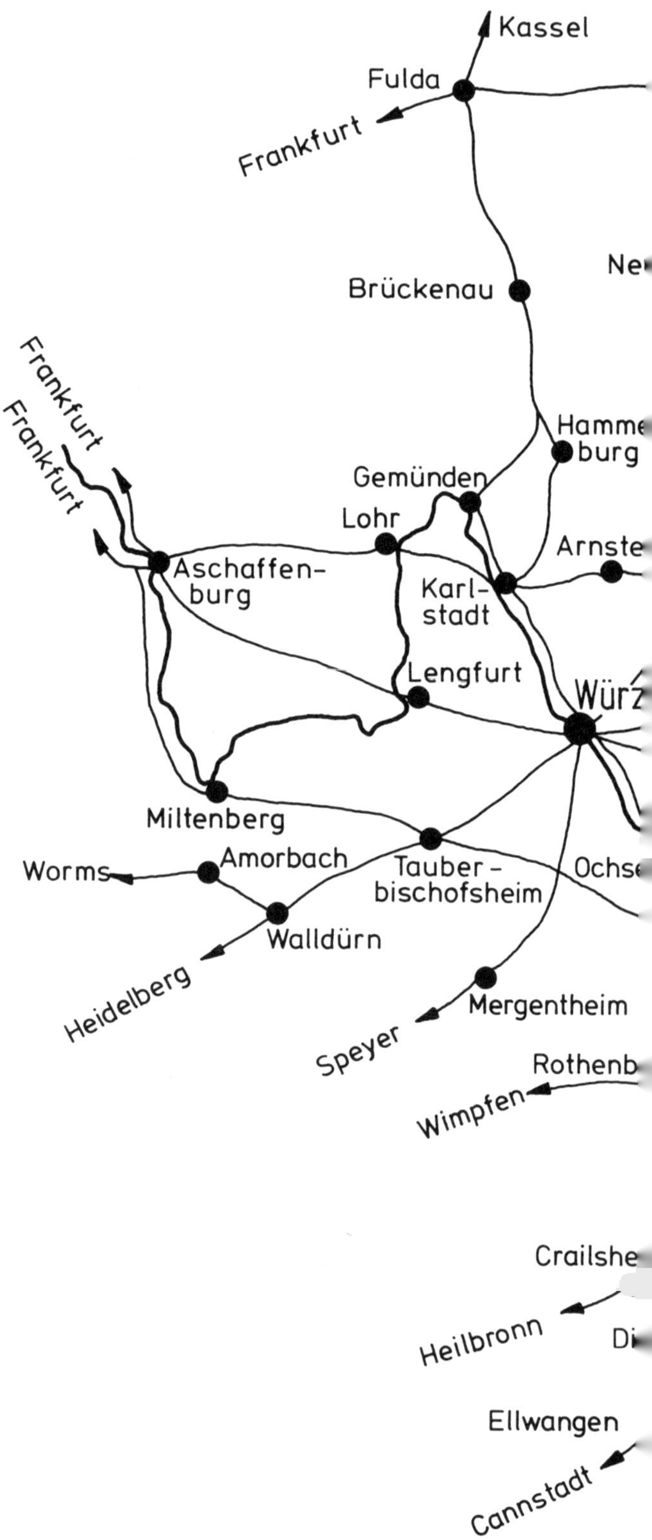

Die heutigen Straßen, die Franken durchqueren, stimmen auf weiten Strecken mit den alten Straßen überein, die uns durch die »Romwegkarte« und die »Landstraßenkarte« des Nürnbergers Erhard Etzlaub aus den Jahren 1500 und 1501 überliefert sind und ergänzt werden durch die Karten »Frankenlandtt« des Michael von Eitzing (1579/80), den »Wegzeyger« von Johann Schirmer (1613) und die Karte »Totius Germaniae novum Itinerarium« von Johann Georg und Georg Conrad Jung (1641).

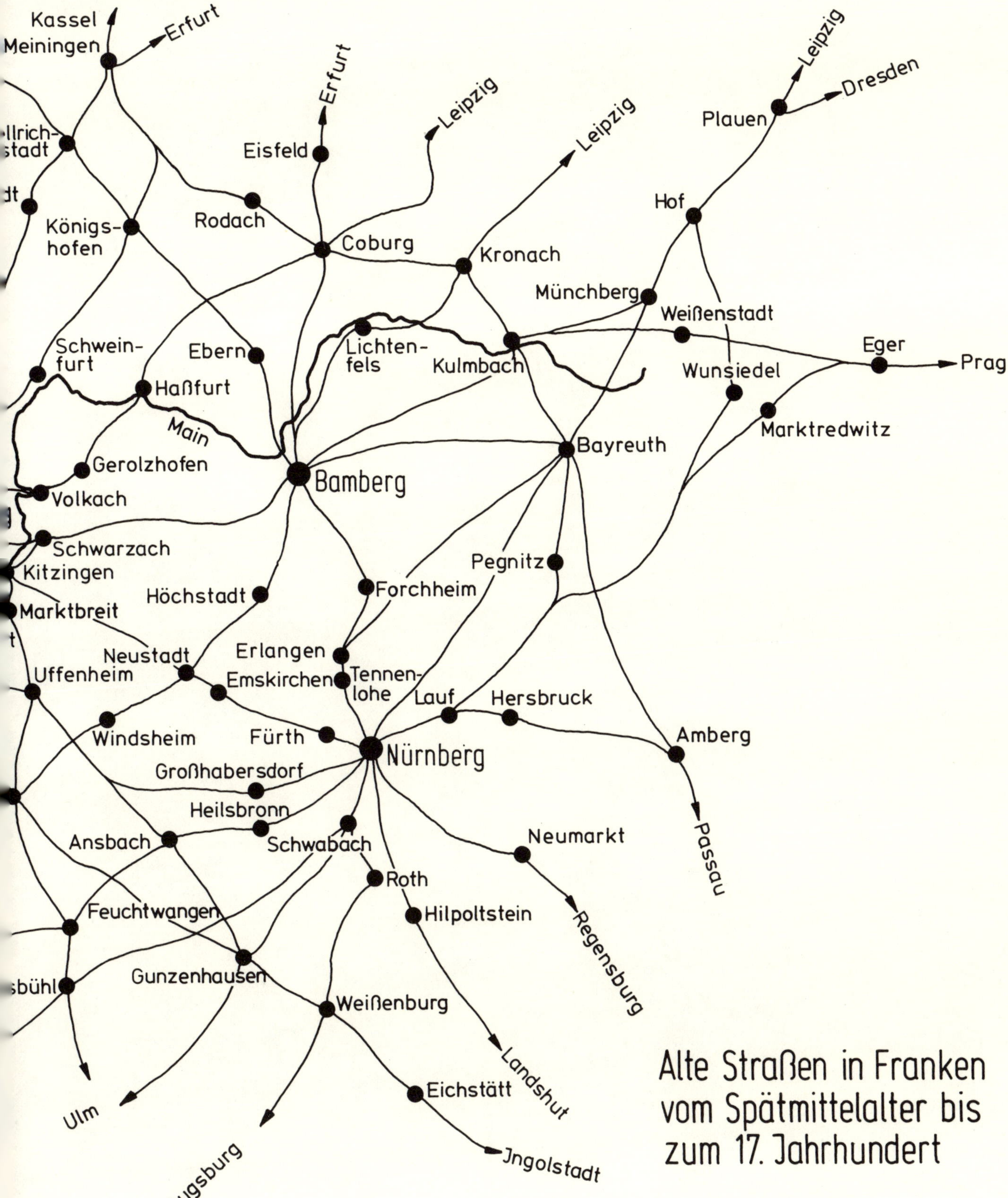

Alte Straßen in Franken vom Spätmittelalter bis zum 17. Jahrhundert

Aus der Vergangenheit historischer Gaststätten

Die geschilderten alten Straßen gaben den Anstoß, Frankens historische Gaststätten entlang der Reiserouten zu suchen, die in früheren Jahrhunderten von zwei Zentren ausgingen: von der Freien Reichsstadt Nürnberg und von Würzburg, dem Sitz des Fürstbistums. Hierbei kann es nicht überraschen, daß beide Städte noch heute die Kreuzungspunkte der wichtigsten Straßen sind, die Franken durchqueren. Zu ihnen gesellen sich Bamberg und Bayreuth, die ebenfalls im Schnittpunkt alter Straßen liegen.

Das im Mittelalter entstehende und sich immer weiter ausbildende Straßennetz erwuchs aus den Bedürfnissen des Handels, der sich von Jahrhundert zu Jahrhundert stärker entwikkelte. Dabei hat es für den Fernverkehr nicht selten neue Zielpunkte gegeben, so daß einzelne Strecken an Bedeutung verloren, andere hingegen wichtiger wurden, doch blieb das System der Straßen im wesentlichen unverändert. Der Grund hierfür lag in erster Linie im »Straßenzwang« der damaligen Zeit, auf dem die Grundherren wegen der für ihre Gebiete wichtigen Einnahmen durch Zölle, Geleite, Stapelung und Niederlage von Waren bestanden.

Auch in Franken haben sich die obengenannten Schwerpunkte erhalten, und so bot es sich an, die für das Buch ausgewählten historischen Gaststätten in der Gliederung *Mittelfranken*, *Unterfranken* und *Oberfranken* darzustellen, zumal sie dem Leser auch für Fahrten und Einkehr entgegenkommt. Denn Text und Bilder könnten gleichermaßen dazu anregen, diese Stätten der Gastlichkeit neben ungenannten anderen, die sich mancherorts noch finden lassen, einmal aufzusuchen.

MITTELFRANKEN

Gasthaus und Weinstube »Goldenes Posthorn« (um 1930).

Wenn wir mit Mittelfranken beginnen, dem Land zwischen dem Jura, der Frankenhöhe und dem Steigerwald, dann sind zum einen die landschaftlichen Besonderheiten mit dem Hügelland um Ansbach, den Wäldern um Nürnberg und Weißenburg, den Flußtälern der Altmühl, der Rezat, der Tauber, der Aisch und der Regnitz hervorzuheben, die seine Eigenart bestimmen. Hier lagen die Herrschaftsgebiete der Markgrafschaft Ansbach, die der Reichsstädte Nürnberg, Rothenburg, Windsheim und Dinkelsbühl und die von Grafschaften und kleinen und kleinsten Herrschaften. Und so ist es zum anderen die geschichtliche Vergangenheit, die diese Region geprägt hat, in der sich die Reichsstadt Nürnberg trotz manchem Niedergang in den Zeitläufen ihre unübersehbare Dominanz bewahren konnte.

Nürnberg hatte bis zur Zerstörung der Altstadt

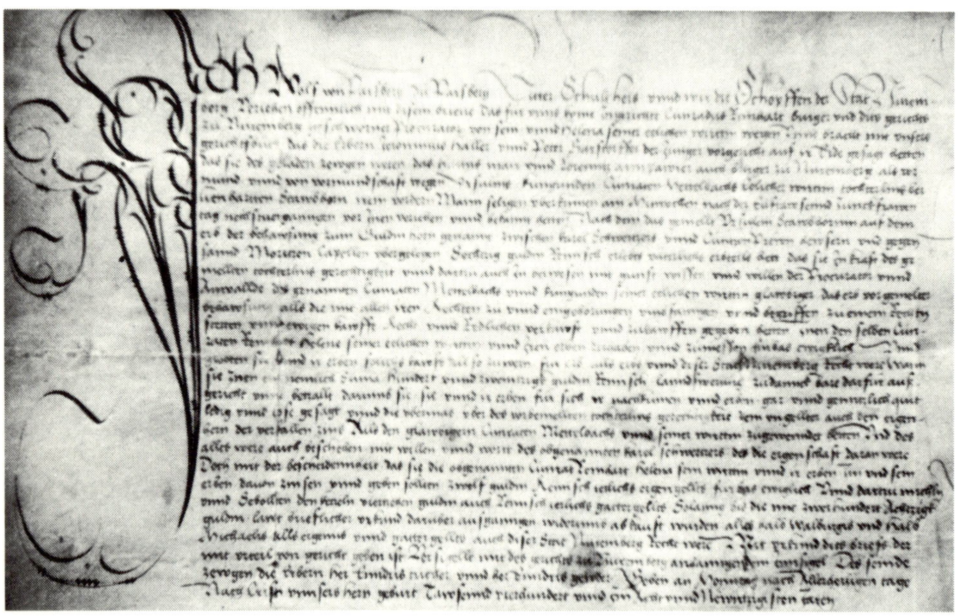

Kaufurkunde des Hauses »zum gulldin horn genannt« (1498).

»Goldenes Posthorn« in Nürnberg.

im letzten Krieg neben anderen Zeugen der Vergangenheit auch zahlreiche historische Gaststätten aufzuweisen. Keine von ihnen ist unbeschädigt geblieben, die meisten wurden durch neue Bauten ersetzt, nur wenige davon sind wiedererstanden. Zu ihnen gehört das GOLDENE POSTHORN an der Sebalduskirche mit seiner bereits fünfhundertjährigen Tradition. Wenn Hans Sachs einen seiner Schwänke, den er »Der Krämerskorb« genannt und 1554 geschrieben hat, vor der Weinschänke zum »Gülden Horn« spielen läßt, so ist das nicht nur ein bemerkenswertes literarisches Zeugnis einer historischen Gaststätte. Man kann daraus auch schließen, daß sie schon damals eine den Nürnbergern wohlbekannte Schenkstatt gewesen ist. Und es gibt in der Tat ein noch älteres Zeugnis: eine Urkunde vom 5. November 1498. In ihr bestätigen »Wolf von Parsberg zu Parsberg Erster Schultheis« und die »Schopffen der Stat Nüremberg« den Verkauf der Behausung »zum Guldin Horn ge-

»Schwarzer Adler« in Mögeldorf.

nannt gegen Sannd Moritzen Capellen obergelegen«. Der gewissenhaften Buchführung der Nürnberger Stadtväter ist es zu verdanken, daß sich die Geschichte des Hauses seit jener Zeit lückenlos verfolgen läßt, sei es ein Besitzwechsel oder ein Rechtsstreit wie bei einem anno 1594, als dem Wirt Hans Korn ausdrücklich bestätigt wurde, er sei auch »des kochens berechtigt«. Beim Kauf des Hauses durch den Weinhändler Konrad Rößlein wird der Name »Goldenes Posthorn« 1620 erstmals genannt. Mit diesem hat es die Zeit überdauert, wenn auch 1945 der Nachfolgebau des alten Wirtshauses aus dem 16. Jahrhundert mit Ausnahme der Kellergewölbe völlig zerstört worden ist. 15 Jahre später wurde das »Goldene Posthorn« an gleicher Stelle wiederaufgebaut und schließt das Eckhaus mit ein. Ein Teil der Dokumente und Erinnerungsstücke konnte gerettet werden; sie schmücken die Gasträume und die Weinstuben in den alten Kellergewölben. Und noch immer gilt der Spruch des früheren Wirtshausschildes: »Allhier sind die mehresten Sorten guter Weine zu haben.«

Anderer Art ist das Gasthaus SCHWARZER ADLER im Stadtteil *Mögeldorf;* abseits des pulsierenden Verkehrs liegt es an der alten Hauptstraße des ehemaligen Vorortes. Die Stammgäste in der biederen Gaststube wissen es nur zum Teil, daß die Geschichte des »Schwarzen Adler« bis an das Ende des 14. Jahrhunderts zurückreicht. 1736 gab es einen Rechtsstreit, den der Nürnberger Rat beim Reichskammergericht gegen die lästige Konkurrenz der Mögeldorfer Gaststätte führte, dessen damalige Besitzer die Markgrafen von Brandenburg waren. Diese aber beriefen sich auf Lehensbriefe der Jahre 1398 und 1400, in denen sieben Güter und eine Erbschenkstatt genannt werden, und behielten dadurch recht. So geht der »Schwarze Adler« tatsächlich auf die alte Erbschenke zurück und hat seit jener Zeit Jahrhunderte überdauert, wohl nicht zuletzt dank des Zuspruchs Nürnberger Bürger, die ihrem »Hohen Rat« auch bei jenem Streitfall getrotzt hatten.

Tennenlohe war bis zu seiner Eingemeindung in

Gasthaus »Rotes Roß« in Tennenlohe. Zeichnung von H. Gradl.

»Rotes Roß« in Tennenlohe.

die Stadt Erlangen ein kleines Kirchdorf. Hier an der alten Fernstraße, die von Nürnberg nach Norden führte, finden wir das Gasthaus ROTES ROSS, das Erlanger und Nürnberger Bürgern wohlbekannt ist. Seine Gebäude mit dem großen Innenhof lassen die ehemalige Bestimmung als Fuhrmannsgasthof erkennen. Von seiner Vergangenheit weiß man wenig, überliefert sind nur das Baujahr (1609) und der Beiname »Fuhrmannseinkehr«. Zweieinhalb Fahrstunden von Nürnberg entfernt, war das »Rote Roß« sicher eine oft genutzte Station, und unter der Vorplatzüberdachung mit ihren drei gedrungenen Sandsteinsäulen wird in der Zeit der alten Fuhrmannsherrlichkeit mancher Schoppen und manche Maß getrunken und manches Lied gesungen worden sein.

Der Brauereigasthof WIETHALER in *Neunhof*, zuvor »Zur Goldenen Krone« genannt, ist mit seinem mächtigen Fachwerkgiebel und der breiten Sandsteinfassade des Erdgeschosses ein markantes Beispiel eines alten Landgasthauses, das sich unter den drei Schlössern des Dorfes durchaus zu behaupten weiß. Das heutige Gebäude wurde 1702 durch den Gastwirt Simon Deinhard errichtet, aber auch bei diesem Gasthof läßt sich sein Ursprung aus dem Jahre 1498 datieren. Es war der damalige Schloßherr aus der Patrizierfamilie Geuder, der hier anstelle eines Bauernhofes eine Schankstätte gründete, die 1601 durch die nachmaligen Grundherren, die Patrizierfamilie Koler, auch die Braugerechtigkeit erhielt. Im Zentrum des Ortes ist das alte Gasthaus mit seinem Tanzsaal im Obergeschoß, der ehedem als Gerichtsstätte

»Wiethaler« in Neunhof.

diente, ein Mittelpunkt dörflichen Lebens geblieben.
Im Trauregister der Kirchgemeinde zu *Lauf an der Pegnitz* ist nachzulesen, daß der »Gastgeber an der Fürstenherberge« Görg Schwaiger anno 1620 die Ehe geschlossen hat; sein Vater Hanns Schwaiger ist darin ebenso benannt. Sechs Jahre später wird derselbe Georg Schwaiger schon als Wirt »zum Wilden Mann« bezeichnet, und den Namen WILDER MANN hat der Gasthof auch fortan behalten. Mit Sicherheit ist er älteren Ursprungs, als Fürstenherberge könnte er bis in die Zeit Karls IV. zurückgehen, der Lauf die Stadtrechte verliehen hat und dort eine kaiserliche Burg erbauen ließ.

An der alten Handelsstraße von Nürnberg nach Böhmen hat der Gasthof wohl immer Bedeutung besessen; noch heute ist er eine willkommene Raststätte für Fremde. Das jetzige Gebäude mit dem Obergeschoß und dem schönen sehenswerten Laubenhof wurde von dem genannten Georg Schwaiger errichtet, wie dessen Initialen und die Jahreszahl 1627 als Inschrift eines Holzbalkens aussagen. Sein Sohn Johann Schwaiger war ein angesehener Ratsherr, dessen Verdienste uns in so sinniger Weise ... »mit Rath der Bürgerschaft und Tat den leeren Mägen« ... in einem Kupferstich überliefert sind.

Johann Schwaiger, Ratsherr und Gastgeb »Zum Wilden Mann« in Lauf an der Pegnitz, Kupferstich (1675).

»Wilder Mann« in Lauf an der Pegnitz.

Dinkelsbühl ist eine der Perlen an der »Romantischen Straße«, die den Reisenden vom Main bis zu den Alpen führt – zeigt es doch eines der gut erhaltenen spätmittelalterlichen Stadtbilder, das die Jahrhunderte nach dem Dreißigjährigen Krieg kaum mehr verändert haben. So finden die Freunde von Geschichte und Kunst hier eine Fülle von Baudenkmälern, die zum längeren Verweilen einladen: Mauern, Tore und Türme, die spätgotische St.-Georgs-Kirche und Märkte und Straßen mit den hochgiebeligen Patrizierhäusern.
Auch das Hotel GOLDENE ROSE geht auf ein Patrizierhaus aus der Mitte des 15. Jahrhunderts zurück, wenngleich es später mehrfach verändert wurde. Mit seinem breiten gemauerten Erdgeschoß und dem Fachwerkgiebel fügt es sich in der für Dinkelsbühl typischen Weise harmonisch in die Marktfront ein. Wer das Haus betritt, findet in den Räumen eine gediegene, der Tradition entsprechende Ausstattung. Eine Schoppenstube mit geschnitzten Deckenbalken und Holztäfelung, eine barocke Podesttreppe mit Balustergeländer, und die Wandgemälde aus dem Jahre 1721 im Treppenhaus, wie auch die übrigen Räume geben dem Ganzen einen überaus stimmungsvollen Grundton.

»Goldene Rose« in Dinkelsbühl.

»Zum Storchen« in Bad Windsheim.

Ein Gang durch die Altstadt von *Bad Windsheim* läßt seine einstige Bedeutung unschwer erkennen. Seit Windsheim 1580 das Stadtrecht erlangt hatte, war es der Mittelpunkt des oberen Aischgrundes geworden. Erst die wirtschaftlichen Umwälzungen des 16. Jahrhunderts und die Folgen des Dreißigjährigen Krieges hatten ihm wie anderen Städten Frankens diese Bedeutung allmählich wieder genommen, wenngleich die Stadt ihren früheren Status noch zu Anfang des 18. Jahrhunderts durch die Erbauung des stattlichen Barockrathauses dokumentierte. Älter als dieses ist der Fachwerkbau des Gasthofes ZUM STORCHEN am malerischen Weinmarkt. Er wurde schon um 1580 erbaut, also etwa in der Zeit der Errichtung des gegenüberstehenden »Schönen Brunnen«, dem die krönende Figur Kaiser Karls VI. allerdings erst rund 150 Jahre später aufgesetzt wurde. Das breitausladende Erdgeschoß mit dem schönen Fachwerkgiebel geben dem »Storchen« zusammen mit dem Ausleger schon in seinem Äußeren das Gepräge eines »altfränkischen Gasthofes«.

In einer Beschreibung von *Neustadt an der Aisch* wird gesagt, daß die Stadt im 18. Jahrhundert eine blühende Gemeinde gewesen sei, mit etwa 230 Häusern, darunter einer Apotheke, mehreren Brauhäusern und acht Wirtshäusern. Zu ihnen zählt auch der Gasthof ZUR SONNE, der mit diesem Namen erstmals 1654 erwähnt wird. Das Haus selbst ist älteren Datums. Es wurde nach den Verwüstungen der Stadt während des Markgräflerkrieges im Jahre 1568 erbaut, wie aus der Inschrift eines Wappens über dem Türsturz zu erfahren ist. Der Text wurde in lateinischer Sprache verfaßt und lautet in deutscher Übersetzung: »Mit Hilfe Gottes, des höchsten Baumeisters, hat anno 1568 Johannes Weikersreuther mit seiner Ehefrau Eva Bernbeckin dieses Haus errichtet.« Auch hier war es ein Ratsherr und nachmaliger Bürgermeister, der knapp hundert Jahre später in dem ansehnlichen Bürgerhaus, das unweit des erhaltenen Nürnberger Tores steht, einen Gasthof eröffnet hat; und auch hier hat dieser die Zeiten überdauert und die wechselvolle Geschichte seiner Stadt bis zum heutigen Tage miterlebt.

»Zur Sonne« in Neustadt an der Aisch.

Sie beginnen schon in den ersten Frühlingstagen und verebben erst im Herbst: die Pilgerfahrten von Tausenden und Abertausenden nach *Rothenburg ob der Tauber.* Seit Wilhelm Heinrich Riehl es entdeckt und in seiner Schrift »Ein Gang durch das Taubertal« 1865 beschrieben hat, ist Rothenburg zum Inbegriff der mittelalterlichen deutschen Stadt geworden. Wer sich die Zeit nimmt, das Panorama mit dem Mauerring, den Türmen und Toren, den Kirchen und dem Rathaus von der anderen Seite der Tauber vom Westen her auf sich wirken zu lassen, sollte eigentlich den Stich aus Mathaeus

»Greifen« in Rothenburg ob der Tauber.

Merians »Topographia Franconiae« aus dem Jahre 1656 bei sich führen. Dann könnte er leicht erkennen, daß sich im Bild der Altstadt nur wenig verändert hat. Denn seit damals folgten dem vorangegangenen Aufstieg Zeiten der Stagnation, die ihr das gleiche Schicksal bescherten wie so mancher anderen fränkischen Stadt. Bis zum Dreißigjährigen Krieg war Rothenburg der bedeutendste Ort des Taubertales, und dieser Aufstieg war vor allem das Verdienst eines Mannes: des Bürgermeisters Heinrich Toppler, der um 1370 erstmals erwähnt wird. Toppler hat der Stadt ihre Bedeutung gegeben und bewegte sich dabei auch auf den Pfaden der Reichspolitik, was ihm später – da er mit dem abgesetzten König Wenzel in Verbindung blieb – jähen Absturz, Gefängnis und frühen Tod brachte.

Als Toppler noch der mächtigste Mann in Rothenburg war, ließ er sich 1388 vor den Toren der Stadt an der Tauber einen Turmbau mit starkem Mauerwerk im Erdgeschoß und zwei

Fachwerkobergeschossen errichten, das bis heute erhaltene »Topplerschlößchen«. Seine Stadtwohnung aber, von der aus er durch breitgestreuten Handel zu Vermögen und Grundbesitz gekommen war, ist das Wirtshaus »Zum güldenen Greifen« gewesen. Auch dieser Bau ist erhalten und geht auf das 14. Jahrhundert zurück, wenn auch der Giebel später eine Erneuerung erfuhr und Änderungen im Innern des Hauses der Gastronomie Rechnung trugen. So spiegelt die Fassade des GREIFEN noch etwas von der altertümlichen und einfachen Bauart jener Zeit wider, die als Epoche ihres großen Sohnes Heinrich Toppler in die Geschichte Rothenburgs eingegangen ist. Und so mögen es nicht wenige unter den Touristen sein, die nach einem Rundgang durch die geschichtsträchtige Stadt gerade deshalb im »Greifen« einkehren.

Unweit von *Feuchtwangen* – und dank der Umgehung nicht mehr in der Stadt – liegt heute der Schnittpunkt zweier Bundesstraßen. Ihre Vorgänger haben schon im Frankenreich bestanden; die eine kam vom Mittelrhein und

»Greifen-Post« in Feuchtwangen.

Gasthof »Zum Goldenen Hirschen« in Emskirchen. Steindruck von W. Rothe (1835).

ging nach Nürnberg, die zweite führte vom Norden zur Donau. So blühte die Stadt seit dem 14. Jahrhundert durch Gewerbe und Handel, ohne daß sie etwa von Kriegen und Zerstörungen verschont geblieben wäre.

Am schönen weiträumigen Markt, den ein Kunsthistoriker den »Festsaal Frankens« genannt hat, haben sich die alten Fernstraßen früher getroffen. Dort, an der einen Breitseite, steht neben anderen historischen Bürgerhäusern das Hotel GREIFEN-POST. Sein Doppelname sagt uns, daß hier zwei Gasthöfe vereint sind. Beide haben eine lange Vergangenheit. Für den »Greifen«, dessen jetziger Bau durch die Jahreszahl 1588 belegt ist, gibt es eine Überlieferung für das Jahr 1450; die »Post«, deren Gebäude mit dem mächtigen Treppengiebel ebenfalls auf das 16. Jahrhundert zurückgeht, wird sogar schon 1369 als Gasthof bezeugt. Heute sind beide durch einen Gang über der schmalen Gasse miteinander verbunden, und die Fremden, die als Geschäftsleute, als Urlauber oder als Besucher der weitgerühmten Kreuzgang-Festspiele in dem Hotel absteigen, können hier das finden, was sie von einem traditionsreichen Haus erwarten.

Im Jahre 1615 erhielt Lamorel von Taxis durch Kaiser Matthias den Auftrag, einen Postkurs von Prag in die Niederlande einzurichten. Er wählte als Route durch Franken die alte von Böhmen herkommende Fernstraße über Nürnberg nach Frankfurt und Köln. Kurze Zeit später werden einzelne Poststationen bereits urkundlich erwähnt; zwischen Nürnberg und Markt Bibart sind es die Orte Burgfarrnbach, Emskirchen, Langenfeld und Possenheim.

Emskirchen war schon 1623 als Postort bestätigt worden und ist ein solcher auch in der Folgezeit geblieben. Die dortige Posthalterei ging im Jahre 1757 an eine Familie über, in deren Händen sie von da ab rund hundert Jahre verblieben ist. Dies geschah durch ein Patent vom 30. Dezember 1757, in welchem Fürst Alexander von Thurn und Taxis den Bierbrauer und Gastwirt Johannes Eckart zum Kaiserlichen Reichsposthalter ernannte, der in seinem Gasthof ZUM GOLDENEN HIRSCHEN die Poststation etablierte. Hierfür war dieser mit Gastzimmern, Stallungen und einem großen Innenhof besonders geeignet, denn der Poststall hatte zwischen den Nachbarstationen Burgfarrnbach und Langenfeld die regelmäßig verkehrenden Posten, die Extraposten, die Kuriere und die Stafetten zu versorgen. Später, als die Kaiserliche Taxispost durch die Königlich Bayerische Post abgelöst worden war, kamen noch die Eilwagenkurse der Strecken München – Frankfurt und Augsburg – Würzburg hinzu, die bis zu 24 Pferde im Stall erforderlich machten. Dies war der Höhepunkt und zugleich der Schlußakkord der alten Post, ehe die Eröffnung der Bahnstrecke von Nürnberg nach Würzburg ihr im Jahre 1865 ein Ende setzte. Von der Vorgeschichte des »Goldenen Hirschen« ist wenig bekannt, doch wurde überliefert, daß er bereits um 1500 die Braugerechtigkeit besaß. Seine Blütezeit erlebte er zweifellos als Postgasthof, woran uns der Wappenstein am Torbogen des Einganges erinnert. Und noch immer ist er als »Alte Post« eine gerne besuchte Raststation, in der die Tradition eines gastlichen Hauses erhalten geblieben ist (siehe Titelbild des Buchumschlags!).

Der Wappenstein am Torbogen des Gasthofes »Goldener Hirsch« trägt den Doppeladler mit Schwert, Zepter und Reichsapfel, das Wappen der Thurn und Taxis, ein Posthorn und die Inschriften:

»Der Röm. Kaiserl. May. Salva Guardia«
»Kaiserl. Freye Reichs – Post«.

»Rose« in Weißenburg.

Wer von Nürnberg her auf der Bundesstraße 2, die auf weite Strecken der alten Fernstraße folgt, nach *Weißenburg* kommt, sieht, nachdem er die Vorstadt durchquert hat, plötzlich das »Ellinger Tor« vor sich. Und er wird den Weißenburgern recht geben, die es zu den schönsten Stadttoren Deutschlands zählen. Da ist zunächst das Vorwerk als zwingerartiger Vorbau mit den diagonal gestellten Ecktürmen und der Front mit Reichsadler, zwei Stadtwappen und Maßwerkbrüstung, dahinter der alte Turm aus dem 14. Jahrhundert, dem 300 Jahre später ein Stockwerk als Wohnung des Wächters und ein Laternendach aufgesetzt wurde. Das Tor ist Bestandteil eines zweiten Mauerrings, den die Einwohner zum Schutz der Reichsstadt, das sie seit dem Jahre 1388 war, erbaut haben. Weißenburgs Geschichte führt aber noch weiter zurück: zur Gründung durch König Konrad III. im 12. Jahrhundert, dem fränkischen Königshof »Uuizinburc«, der 867 in einer Schenkungsurkunde König Ludwigs des Deutschen erstmals erwähnt wird und schließlich zu dem römischen Kastell »Biriciana«, das um 150 n. Chr. erbaut und in den Jahren 253/254 beim Alemannensturm gegen den Limes zerstört wurde. Die Freilegung eines Römerbades im Jahre 1977 und die Entdeckung eines Römerschatzes im Jahr 1979 haben aber die Vermutung wiederaufkommen lassen, daß Weißenburg schon unter den Römern, wie Augsburg, Passau und Regensburg, eine Stadt gewesen ist, vielleicht das sagenhafte von Ptolemäus genannte »Alcimoenis«. Diese Ansicht hat schon 1835 der Weißenburger Historiker und Rechtsrat Georg Voltz in seiner damals erschienenen Chronik von Weißenburg ausgesprochen.

Dieser Chronik verdanken wir auch die ersten authentischen Nachrichten über das Hotel ROSE. Ursprünglich ist es ein Bürgerhaus gewesen. Sein rückwärtiger Teil mit dem alemannischen Fachwerk aus Eichenholzstämmen läßt eine Datierung aus dem 15. Jahrhundert zu; der vordere Trakt an der Straße ist später erbaut worden; wesentlich älter hingegen ist das Kellergewölbe, in dem sich heute Gäste in gemütlicher Runde treffen können. Die erste Nachricht, daß die »Rose« ein Gasthof gewesen ist, in dem auch Reisende vornehmen Standes abzusteigen pflegen, gibt es in der genannten Chronik anno 1796. Ein Jahr später war es der preußische Minister Freiherr von Hardenberg, der damals das Markgrafentum Ansbach und Bayreuth regierte. Die Chronik berichtet hierüber: »Den 22. Oct. an einem Sonntag Abends kamen S. Excellenz der dirigirenden Minister von Hardenberg auf einer Durchreise hier an und stiegen in der goldenen Rose ab, allwo Sie übernachteten.« Auch in späteren Jahren gab es dort manche namhaften Gäste, an die man in den gediegenen Räumen der »Rose« erinnert wird.

»Zum Roten Roß« in Großhabersdorf.

Der Brandfackel des Dreißigjährigen Krieges fiel in *Großhabersdorf* mit fast allen Häusern und Stadeln auch das Gasthaus ZUM ROTEN ROSS zum Opfer. An der Altstraße von Nürnberg nach Ansbach gelegen, ist es schon im 15. Jahrhundert bekannt gewesen, als der erste Markgraf von Ansbach anno 1444 mehrere dortige Güter erwarb, darunter auch eine Schenkstatt. Für sie wird nach einer Urkunde jenes Jahres ein Hermann Heintz genannt, der »darauf itzund sitzet und jährlich 3 Pfd. 20 dl. 2 Herbsthühner und 1 Fastnachtshuhn giltet«. Wegen der Nachwirkungen des langen Krieges kam es erst im Jahre 1695 zum Wiederaufbau des Gasthofes, nun mit einem mächtigen Fachwerkgerüst, das in seiner Substanz weitgehend erhalten ist. Der imposante Bau in der Ortsmitte stellt aber nicht nur ein markantes Bei-

»Grüner Baum« in Fürth.

spiel der alten Holztechnik dar, er ist es auch für die uns immer wieder begegnende Erscheinung, wie lange und zäh sich historische Gaststätten bis in unsere Zeit behaupten konnten und wohl noch weiter – die Prognose darf man wagen – behaupten werden.

Fürth ist um 750 als Königshof entstanden, war über Jahrhunderte dreigeteilt – nämlich bambergisch, ansbachisch und nürnbergisch –, wurde schließlich bayerisch und ist seit 1951 Großstadt. Es stand immer ein wenig im Schatten der alten Reichsstadt Nürnberg, zu der heute nur Ortsschilder die Grenze markieren.

Die Nähe Nürnbergs hat die »Färther« freilich nie daran gehindert, ihr Eigenleben selbstbewußt zu betonen und zu erhalten. So kann auch der Gasthof GRÜNER BAUM mit einer Steintafel an der Giebelseite darauf verweisen, daß hier anno 1632 Gustav Adolf von Schweden abgestiegen ist. Dies tat der Schwedenkönig, bis eine Unterkunft in seinem Heerlager fertiggestellt wurde, aus dem er seinen Gegner Wallenstein, wenn auch vergeblich, zu überwinden suchte.
Was die Gastronomie in Fürth betrifft, so wird schon 1604 berichtet, daß es damals 35 Bier- und Weinwirte und 9 Brauereien gegeben hat. Zu ihnen gehörte auch der »Grüne Baum«, der um 1580 erbaut wurde. Für das Jahr 1584 wird in den Archivalien erstmals ein Veit Wisend als Besitzer genannt. Auch gibt es Grundrißpläne von 1654 und 1770, die den gleichen Aufbau zeigen wie heute, mit dem straßenseitigen Eingang und dem Innenhof. Natürlich hat es seitdem Umbauten gegeben, das jetzige Gebäude ist aber auf dem alten Mauerwerk errichtet, der Ausleger stammt aus der Zeit um 1800.
Als die Zünfte in Fürth noch eine Rolle spielten, war für einige im Grünen Baum ihre »Stube«. Bäcker, Büttner, Schreiner, Buchbinder und Goldschläger hatten hier ihren Treffpunkt, wo heute Vereine, Verbindungen und Gesellschaften nicht weniger häufig Einkehr halten.

UNTERFRANKEN

Bei Unterfranken denkt man zuerst an den Main, der von Osten nach dem Westen strebt und in zwei großen Schleifen zwischen Schweinfurt und Aschaffenburg, dem Maindreieck und dem Mainviereck, der Landschaft ihren Charakter gibt. Und man denkt an den Wein, denn »Mainland ist Weinland«. Der Bogen ist aber weiter gespannt, er reicht von den Ausläufern des Odenwaldes über den waldreichen Spessart bis zur kargen Hochrhön im Norden und bis zu den Haßbergen im Süden und Osten. Aber der Main bestimmt eben doch in stärkerem Maße das Gesicht der unterfränkischen Landschaft als die anderen Komponenten, und die bekannten Namen der kleinen Städte und der Weindörfer an seinen Ufern tragen auf ihre Weise dazu bei.

Auch in Unterfranken waren es neben dem Würzburger Fürstbistum die vielen kleinen und kleinsten Grundherrschaften, welche die geschichtliche Vergangenheit der Region mehr oder weniger stark beeinflußt haben: die Grafschaften, der fränkische Ritterkreis, die Abteien und im Westen das ehemals zu Mainz gehörende Oberstift Aschaffenburg. Sie alle aber übertraf das Hochstift Würzburg an politischer Kraft und kulturellem Gewicht. Die alte Bi-

Ausleger am »Stachel«.

schofs- und Residenzstadt Würzburg war und ist das Zentrum der unteren Mainlande, wenngleich sie sich in wirtschaftlicher Bedeutung nie mit Städten wie Frankfurt oder Nürnberg hat messen können.

Wer das alte *Würzburg* gekannt hat, muß vielem nachtrauern, das im Inferno des Jahres 1945 dahingegangen ist. Wer die neuerstandene Stadt erlebt, begegnet einem Wunder: Würzburg ist wieder Würzburg, und es gibt ein treffendes Wort: In Würzburg hat man Zeit zu leben! Das verspürt man an einem Sommerabend in einer der Weinstuben der Altstadt, zu denen auch der STACHEL zählt. Wer dort im malerischen Innenhof beim Wein sitzt, könnte sich der Worte Bindings erinnern: »Diese Stadt lebt und lockt. Ihr Blut ist nicht kalt geworden und ihre Steine sind warm.« Wenn es aber in vorgerückter Stunde in der oberen Stube zu einem Disput kommt, wird er der Legende Glauben schenken, daß Florian Geyer hier mit aufständischen Bauern gesessen hat, um die Würzburger Bürger in den »Bund« aufzunehmen. Das kam den letzteren wenig später freilich teuer zu stehen; wie es heißt, auch dem »Hinteren Gressenhof«, der mit hohen Abgaben und Steuern belegt wurde. Nichtsdestoweniger gab man ihm später den Namen »Stachelwirtshaus«. Ein Stachel, der »Morgenstern« der Bauern, ziert noch heute den Ausleger und mag als Sinnbild dafür gelten, daß diese Stadt in der Vergangenheit schon immer Höhen und Tiefen erlebt hat.

»Zum Stachel« in Würzburg.

»Stadt Mainz« in Würzburg.

Der Name Semmelstraße deutet es an, daß dort einmal die Bäcker Würzburgs zu Hause waren. Auch von einem Gasthaus »Zum Raben« in dieser Straße wird berichtet, dessen Geschichte schon im 15. Jahrhundert beginnen soll, vielleicht mit der damals nicht seltenen Konzession des Ausschanks durch den »Bäkken«. Irgendwann kam es später dazu, daß Schiffer und Leinenreiter den »Raben« zu ihrem Stammwirtshaus erkoren haben, wenn sie von Mainz her mit ihren Kähnen und Rössern mainaufwärts getreidelt hatten und hier am Ziel waren. Das gab den Anstoß zu dem neuen Namen STADT MAINZ, den der alte Gasthof nun seit mehr als 170 Jahren trägt. Die Zeit der Leinenreiter ist lange vorbei, geblieben ist der Brauch der »Gassenschenke«, wo manches Bier als Früh- oder Dämmerschoppen getrunken

»Zum Löwen« in Rödelsee.

wird. Aber es sind auch wie früher Fremde, die wie ehedem die »Treidler« den Gasthof zu ihrem Stammquartier machen.

Wer das Weindorf *Rödelsee* besucht und dort im LÖWEN zu einem Dämmerschoppen einkehrt, wird bald mit den Stammgästen ins Gespräch kommen, die ihn nach dem Woher und Wohin befragen und dann von ihren Weinen reden, auf die sie stolz sind: auf den »Küchenmeister« und auf die »Schwanleite«. Da kann es geschehen, daß ein alter Winzer auch vom Schloß Schwanberg spricht und davon, daß seine Grundmauern vom König Pippin herrühren sollen, der hier vor Zeiten eine Burg erbaut habe. Auch vom »Löwen« weiß er zu erzählen, der früher der Amtshof der Grafen von Castell-Rüdenhausen gewesen ist, deren Wappen mit dem Portal beim Umbau des Jahres 1648 eingefügt wurde. Von 1685 bis zur Säkularisation waren die Amtsschultheißen auch die Wirte des »Löwen«, der dann in Privathand überging und nunmehr seit hundert Jahren in Familienbesitz ist.

»Leicht« in Biebelried.

Biebelried an der alten Fernstraße, die den Südosten über Regensburg, Nürnberg und Würzburg mit den Niederlanden verband, war seit 1275 der Sitz einer Johanniterkommende. Diese hat dort, nach dem Vorbild des Orients, eine Karawanserei errichtet, einen ummauerten Hof, in dem die Tiere lagerten und die Reisenden in den Mauergaden untergebracht waren. In der zweiten Hälfte des 15. Jahrhunderts erwarb ein Hans Raspe von der Kommende einen halben Morgen als Lehen für eine Hofstatt, wo er offensichtlich auch eine Schenkstatt einrichtete. Das ist die älteste Nachricht über den Ursprung des Hotels LEICHT, das vor 200 Jahren als eine »Schenk- und Schildwirtschaft Zum Schwarzen Adler mit Braugerechtigkeit« bekannt war und sich nunmehr fast hundert Jahre im Familienbesitz befindet.

Heute erscheint der renommierte Gasthof am Schnittpunkt zweier Autobahnen mit seinen gediegenen Räumen wie eine moderne Karawanserei für die Reisenden unserer Zeit, in der sie freilich bei Speise und Trank und in der Bequemlichkeit des Nächtigens weit höhere Ansprüche stellen dürfen als die Landfahrer vergangener Jahrhunderte.

Die Geschichte der Benediktinerabtei *Münsterschwarzach* zeigt Höhen und Tiefen in einem seltenen Ausmaß. Monastische und wirtschaftliche Blütezeiten wechselten mit Niedergang, Plünderungen und Brandschatzungen bis zur Auflösung des Klosters im Jahre 1803, die auch zum Abbruch der von Balthasar Neumann erbauten Basilika führte. Die Neugründung der Abtei im Jahre 1913 und ihr anschließender Wiederaufbau wurde 1938 durch den Neubau einer viertürmigen Abteikirche gekrönt. Gegenüber, auf der anderen Straßenseite, liegt der Gasthof ZUM BENEDIKTINER. Das Giebelhaus mit dem Fachwerkobergeschoß gehörte neben anderen Gebäuden ursprünglich als Klosterherberge zur Abtei, wie durch ein Bild des Jahres 1699 überliefert ist. Auch in einer Beschreibung des »Closters Münster Schwartzach« von 1634 heißt es: »Gegen obnechst gedachten Conventsbau über liegt noch ein schöner Gastbau, gleicherweis mit notwendigen Zimmern und Gemachen erbaut.«
Auf Gläubige und Freunde sakraler Baukunst übt die neue, das Maintal beherrschende Abteikirche eine immerwährende Anziehung aus. Und so wie Heiliges und Profanes schon von jeher nahe beieinander lagen, so ist es von der Basilika nicht weit zum »Benediktiner«, in dessen schöner Gaststube mit dem alten Deckengebälk der Einkehrende nach geistiger Erbauung auch dem leiblichen Wohle frönen kann.

»Zum Benediktiner« in Münsterschwarzach.

»Post« in Amorbach.

Es kommt nicht von ungefähr, daß *Amorbach* alljährlich so viele Fremde anlockt. Da ist zum einen der nahe Odenwald, da ist zum andern die monumentale prächtige Abteikirche, und da sind schließlich die Klostergebäude mit der reichgeschmückten Bibliothek und dem frühklassizistischen »Grünen Saal«, dem Festraum des einstigen Konvents. Schon in früher Vergangenheit hat die Benediktinerabtei das Werden von Amorbach mitbestimmt. Von Einfluß war aber auch, daß sich dort seit dem Mittelalter zwei Straßen kreuzten, deren eine das Maintal und das Neckartal verbunden hat, die andere hingegen die Rheinpfalz mit Franken. So waren in Amorbach auch Herbergen entstanden, unter denen die des Wirtes Hans Hecht für das Jahr 1532 überliefert ist. Von diesem und nicht von dem Raubfisch hat sich der spätere Name »Zum güldenen Hecht« abgeleitet. Um die Mitte des vergangenen Jahrhunderts erhielt der alte Gasthof sein neues Haus und 1905 seinen jetzigen Namen Hotel POST, der die Gäste daran erinnern mag, daß er mehr als 60 Jahre auch ein Postgasthof ge-

»Löwen« in Marktbreit.

wesen ist, dessen Tradition hier weiterhin gepflegt wird.

Der alte Mainhafen *Marktbreit* verdankt – wie mancher andere Ort auch – dem Fluß seinen Aufstieg. Der mächtige Rundbau des alten Kranen am Ufer des Flusses, vor dem Stadttor nach einem Hochwasser 1783 neu errichtet, läßt erkennen, daß auch hier einmal ein wichtiger Umschlag- und Handelsplatz gewesen ist. Der prächtige Renaissancebau des Rathauses zeigt, daß schon bei seiner Erbauung, Ende des 16. Jahrhunderts, die Blütezeit des Marktes Niedernbreit begonnen hatte; die beiden barocken Handelshäuser mit ihren symmetrisch zueinander liegenden Runderkern bezeugen den Wohlstand zweier Kaufmannsfamilien; und das breit-behäbige Erdgeschoß und die imposante Fachwerkfassade des LÖWEN dokumentieren uns nicht nur sein Alter aus der Mitte des 15. Jahrhunderts, sie lassen uns auch verstehen, warum er ehedem die »Fürstenherberge« der Schwarzburger Herrschaft war und bis heute ein gern gewähltes Haus für weitgereiste Gäste geblieben ist.

Ins Land der Franken fahren – das ist immer wieder ein Ziel, das sich zur schönen Sommerzeit viele setzen: mit dem Auto, mit dem neu entdeckten Fahrrad oder gar zu Fuß, wie auf dem Bild vor dem Gasthof ZUR SCHWANE in *Volkach* zu sehen ist. Daß bei der Einkehr der Frankenwein dazugehört, versteht sich von selbst, zumal dann, wenn der Schwanenwirt auch solchen aus dem eigenen Weinberg kredenzen kann.
Obwohl der Ausleger des Gasthofes einen Schwan zeigt, geht die Herkunft des Namens »Zur Schwane« nicht auf das Wappentier zurück, sondern auf die Volkacher Familie Schwan, die schon um 1400 als Besitzer eines dortigen großen Hofes nachgewiesen ist. Wann im Schwanhof eine Schenke entstand, wurde nicht überliefert, wohl aber ein Gastmahl für den Fürstbischof Conrad von Bibra im Jahre 1540; der Gasthof muß also schon damals einen guten Ruf besessen haben, den Generationen von »Wirtsleuten« – wie sich auch die heutigen Besitzer noch nennen – bis in unsere Tage bewahren konnten.

Innenhof in der »Schwane«.

Die Frage, welches Gasthaus das älteste in Franken oder in Deutschland sei, ist müßig, denn sie läßt sich nicht beantworten. Frühe urkundliche Erwähnungen beziehen sich immer auf besondere Anlässe wie Belehnung oder Kauf, aber nicht auf ein »Gründungsdatum«. Überlieferungen sind selten zu belegen, selbst wenn manche einen hohen Grad von Wahrscheinlichkeit besitzen. Doch schmälert es den Ruhm des RIESEN in *Miltenberg* nicht, daß wir auch bei ihm auf ein solches Attribut ver-

Abb. Seite 63: Gasthof »Zur Schwane« in Volkach.

»Riesen« in Miltenberg.

zichten. Halten wir uns lieber an den »Riesen«-Wirt Jost Virnhaber, dem der Rat zu Miltenberg 1589 hundert Eichenstämme aus dem Gemeindewald bewilligte, damit er sein altes Gasthaus neu bauen lassen konnte. Bereits ein Jahr später war es fertiggestellt, worüber die selbstbewußte Inschrift des Baumeisters an der Nordseite des Hauses berichtet:

»Dieser Bauw stehe in Gotts handt
Zum Rihsen ist er genandt
Fürsten und Herren ist er woll bekandt
Bürger und Bauren steht er Zu handt
Jacob Storz burger zu Mildenburck
hat In gemacht Mitt seiner handt
im Jahr 1590«

Schon der Vorgängerbau des »Riesen« war demnach eine bekannte Fürstenherberge, und man kann annehmen, daß ihr Ursprung mit diesem Status weit zurückreicht. Die Lage Miltenbergs an einer wichtigen Altstraße und am Main, die den Ort schon früh zur Zollstätte mit späteren Markt- und Stapelrechten werden ließ, gab ihm bereits im ausgehenden Mittelalter Bedeutung. So mögen Berichte über hochgestellte Gäste jener Zeit, unter denen Kaiser und Könige nicht fehlen, ihre Richtigkeit haben. Und bis in unsere Tage sind es nicht nur ungezählte Touristen aus aller Herren Länder, die im »Riesen« Quartier genommen haben; es waren unter ihnen, wie früher, auch Gäste von

»Zum Anker« in Sommerhausen.

Rang. Denn der schöne Fachwerkbau, der an der breitesten Stelle der Hauptstraße steht und mit seinem Giebel die Nachbarhäuser überragt, ist noch immer ein Anziehungspunkt in der an baulichen Schönheiten so reichen Stadt.

Die Straßen des Mittelalters waren bis weit in die Neuzeit oft genug in einem schlechten Zustand. Auch deshalb ist der Main jahrhundertelang eine bevorzugte und wichtige Verkehrsader gewesen. Alte Bücher über diesen fränkischen Fluß zeigen in ihren Kupferstichen, Zeichnungen und Aquarellen eine große Zahl von Booten, Kähnen und Schiffen, die den Main auf- und abwärts befuhren. So stand auch am Anleger in *Sommerhausen* schon vor der Erbauung des jetzigen Gasthofes ANKER (1749) ein »Ankerwirtshaus«, in dem Schiffer, Leinenreiter und Flößer Einkehr hielten; die einen, weil sie ihre Ware hier an Land zu bringen hatten, die am Maintor von Sommerhausen verzollt wurde; die anderen, um hier zu rasten, und manche vielleicht auch nur des Weines wegen, dessen Reben auf der Sonnenseite des Flusses an den Hängen reiften. Die Lastschiffe, die heute den Main befahren, halten nicht mehr beim »Anker«, und recht selten legt eines der Segelboote dort an. Dafür sind es Wanderer zu Fuß oder mit dem Rad, die von Würzburg oder von Ochsenfurt her den Main entlang kommen und hier einkehren. Und es sind auch die Fremden, die Sommerhausen mit seinem altertümlichen Ortsbild und dem wohlerhaltenen Mauerring besuchen oder eine Aufführung im Torturmtheater erleben konnten, das der nun schon legendäre Luigi Malipiero gegründet hat.

»Zum Stern«
in Bad Brückenau.

Bis weit in die zweite Hälfte des 18. Jahrhunderts war *Brückenau* eine wohlhabende Stadt von Ackerbürgern und Handwerkern, die »Creutzweiß ahn Vier Landstraßen gelegen ist«, wie es in einem alten Dokument heißt. Während der Frankfurter Oster- und Herbstmessen sollen tagtäglich an die 30 Frachtwagen durch die Stadt gekommen sein, wo damals sieben Gaststätten den Kaufleuten und Reisenden Speise, Trank und Nachtquartier boten. Zu ihnen gehörte der Gasthof ZUM STERN, der 1578 in einem Ratsprotokoll erstmals erwähnt und die »äußere Herberge« oder das »Stadtwirtshaus in der Vorstadt« genannt wird. Den großen Stadtbrand des Jahres 1876 hat der »Stern« ohne Schaden überdauert und ist noch immer Ziel von Gästen aus nah und fern, die gern beim Sternwirt einkehren.

Auch für *Arnstein* im Tal der Wern war es die Lage an einer alten Straße von Fulda nach Würzburg, die für den dortigen Fürstbischof Hermann von Lichtenberg der Anlaß war, den bereits befestigten Ort von Kaiser Ludwig dem

Bayern 1335 noch mit Gerichts- und Marktprivilegien ausstatten zu lassen. Der Grundstock für den heutigen Stadtkern entstand aber erst im 16. Jahrhundert, als das Rathaus und die Amtskellerei errichtet und das im Bauernkrieg zerstörte Schloß wiederaufgebaut wurden. In diese Zeit fällt auch die Entstehung des Gasthofs ZUM GOLDENEN ENGEL. Anno 1571 nämlich hat die Witwe Apollonia Gering ihr Haus am Schwebenrieder Tor der Stadt vermacht, die es im gleichen Jahr an den Spitalmeister Claus Müller verkaufte mit der Bedingung, daß es »für ewige Zeiten eine Erbschenk« sei. 1626 wird die Schänke in einer Urkunde als »obere Schenkstatt zum bären« bezeichnet und diente danach für längere Zeit auch für Tagungen des würzburgischen Zentgerichtes, »allwegen uff einen Dienstag in der Stat Arnstein in darzu bestellten Wihrtshauß oder vor Thor, der offenen Schranken«. So kamen die Schöffen allwöchentlich im »Bären« zusammen und sprachen nach den Gerichtssitzungen, sie »seyen bürgerlich oder peinlich«, dem Arnsteiner Wein wohl tüchtig zu. Denn die Stadt war damals noch ein Häckerort, und es wurde vom Rat dem »Oberwirt befohlen, daß er das gewechs wie erwachsen ist, in seinen krefften und würkung sein lasse«. Seit 1768 wurde das Wirtshaus »Goldener Engel« genannt, etwas mehr als ein Jahrhundert später kam der Gasthof in Familienbesitz, in dem er sich noch heute befindet – ein traditionsreiches Haus, das ob seiner Frankenweine aus mancherlei Lagen weithin bekannt ist.

»Zum Goldenen Engel« in Arnstein.

Kurmainzer Zimmer im »Engel« in Lohr.

Die Mainzer Stube im Gasthof ZUM ENGEL in *Lohr* erinnert an die Zeit, als die Stadt seit dem 16. Jahrhundert Oberamtssitz des Kurfürstentums geworden war und es bis zur Säkularisation blieb. Bilder des Kurmainzer Schlosses und Wappens schmücken die Wand und auch das des Fürstbischofs Johann Friedrich Karl von Ostein, der dem Wirt des Gasthofes 1752 die Schildergerechtigkeit bestätigte. Der »Engel« ist aber älteren Ursprungs und geht wahrscheinlich über die erste Nennung des Jahres 1654 zurück. Dafür spricht seine Lage am Rande der Altstadt von Lohr, nahe der Schiffslände am Main, die uns der Merian-Stich von 1656 so plastisch zeigt. Auf dem Bild sind auch Schiffbauer am Werk, die Eichenstämme aus dem nahen Spessart für die Schiffe zurichten. Ihre Zunft war in Lohr hoch angesehen, die späteren Werften hatten einen guten Ruf. So mag auch der »Engel« an dem wirtschaftlichen Aufschwung jener Zeit teilgenommen haben. Was damals der Main brachte, bringen heute die Straßen, die Reisende von nah und fern nach Lohr führen. Der Beiname »Tor zum Spessart« spricht es treffend aus.

Auch für *Aschaffenburg* war es die Lage am Main und an einer alten Geleitstraße, die eine Siedlung bereits 975 zur Stadt werden ließ. Schon um das Jahr 1000 gab es hier eine Holzbrücke, der später eine steinerne folgte. An der Brücke lagen eine Fischersiedlung, ein Spital und eine Herberge. Auf diesem historischen Boden steht das Hotel WILDER MANN, dessen behäbiger Bau dafür spricht, daß in seinen Mauern neben moderner Gastronomie noch die behagliche Gastlichkeit eines alten Hauses zu finden ist.
Die erste Erwähnung über den »Wilden Mann« geht auf das Ende des 16. Jahrhunderts zurück, später gibt es Nachrichten über Weinausschank, 1775 erfolgt ein Umbau, 1802 wird wie so oft in jener Zeit die Schildgerechtigkeit bestätigt, und in den letzten Dezennien der Postkutschenherrlichkeit ist der Wirt auch Inhaber des Königlich-Bayerischen Poststalls. So hat der »Wilde Mann« über Jahrhunderte hinweg Reisende beköstigt und beherbergt, die als Schiffer den Main befuhren, mit Rössern und Wagen durch den Spessart kamen oder dorthin weiterwollten. Und noch immer sind es Gäste, die Handel und Wandel nach Aschaffenburg führt, aber auch der Reiz der einstigen kurfürstlichen Residenz, deren prächtiges wiedererstandenes Schloß »Johannisburg« mit seiner unverwechselbaren Silhouette über dem Ufer des Maines thront.

»Wilder Mann« in Aschaffenburg.

Aquarell des »Wilden Mann« um die Mitte des 19. Jh.

OBERFRANKEN

Die Landschaft Oberfrankens wird mehr als die anderen fränkischen Regionen von Mittelgebirgen geprägt. Im Norden ist sie durch den Thüringer Wald begrenzt, an den sich der Frankenwald anschließt, der nach Osten in das Fichtelgebirge übergeht; zum Süden hin ist es die Fränkische Schweiz. Sie legen um das Land einen Saum von Wäldern, der nach Westen durch das Tal des oberen Mains und nach Süden durch das Tal der Regnitz geöffnet ist. Schon bei Banz und Vierzehnheiligen weitet sich das Maintal. Dort und bei Bamberg, wo der Main die Regnitz aufnimmt, zeigt sich die andere, die südliche Seite der oberfränkischen Landschaft.

Bamberg, dessen »geistliche Stadt« auf sieben Hügeln erbaut wurde und der Kern des von Kaiser Heinrich II. gegründeten Bistums war, ist noch immer ein deutlicher Schwerpunkt Oberfrankens, wenn auch das zentraler liegende Bayreuth das Primat der Hauptstadt des Regierungsbezirkes besitzt. Schon in der geschichtlichen Vergangenheit gab es dieses Nebeneinander: im Osten die Markgrafschaft Brandenburg-Kulmbach, die mit dem Wechsel des Hofes von der Plassenburg nach Bayreuth den Namen der neuen Residenz erhielt, und das Hochstift Bamberg im Westen. Sie teilten sich über Jahrhunderte die Territorialherrschaft, waren aber auch für die kulturelle Entwicklung ihres Gebietes bestimmend.

Bamberg: das ist der Dom, die alte Hofhaltung, die neue Residenz, das Brückenrathaus, die Altstadt mit den Regnitzarmen – es ist so vieles, das man nennen müßte, Großes und Kleines, Sakrales und Profanes. Zu letzterem zählt, was den Besonderheiten Bambergs zugerechnet wird: das Rauchbier, dessen Gerste im Rauch von Holzfeuer getrocknet ist und dem braunen Getränk seinen unverkennbaren Geschmack verleiht.

Wer vom Rauchbier spricht, der muß auch SCHLENKERLA sagen. Daß diese renommierte Gaststätte nicht mehr »Blauer Löwe« oder »Hellerbräu« heißt, verdankt sie Andreas Graser, der als »gutä Bräuä« 1877 Wirt und Braumeister »Zum Heller« wurde. Ein Bamberger Reim verrät, wie es zur Namensgebung kam:

»Weil er gern mit seina Orm
a wengla gschlenkert hot,
drum hom's ihn Schlenkerla getauft
aus Übermut und Spott.«

Vom Wirt also ist der Name auf das Haus übergegangen, dessen jetziger Fachwerk-Aufbau im 17. Jahrhundert über dem älteren Keller- und Erdgeschoß errichtet wurde und das seine Schank- und Braugerechtigkeit auf das

»Schlenkerla« in Bamberg.

»Spezial« in Bamberg.

Jahr 1648 zurückführen kann. Seit damals sind die Besitzer, die meist Braumeister waren, lückenlos nachzuweisen. Aber schon vor dieser Zeit gibt es Nachrichten über Bürger, denen der Vorgängerbau gehörte. Unter ihnen sind auch Büttner gewesen, und es ist nicht auszuschließen, daß jene bereits ein Schankrecht hatten. Denn im Eid- und Pflichtenbuch dieses Handwerks von 1410 heißt es: ».. in Verrichtung des täffelein aus- und einhengen, wo die Püttner, so hier ausschenken, darauf ordentlich zu der gantzen statt nachricht gezeichnet und specificirlichen angesetzt werden, fleißig, treu und gehorsam zu sein.«
Wenn es in der Wirtsstube des traditionsreichen Hauses mit der mehr als dreihundertjährigen Balkendecke an den langen Holztischen manchmal etwas eng zugeht, dann stört das niemand. Denn hier sitzt man, ob Fremder oder Einheimischer, gern beisammen, um sich an dem braunen Gerstensaft und einer Brotzeit gütlich zu tun.

Ein Gleiches läßt sich von dem Brauereigasthof SPEZIAL berichten. Auch hier wird Rauchbier ausgeschenkt, auch hier ist es der Beiname eines Wirts, nach dem der Gasthof benannt ist. Anno 1672 war das Büttner- und Brauhaus im Besitz des Niclas Deltscher, der »Spizial genannt und eyn Bräuer und auch Büttner gewesen ist«. Das Brauhaus selbst ist noch älteren Datums, wie es auch im Wirtshausschild nachzulesen ist, in dem mit Stolz berichtet wird: »Die weylen es schon A.D. 1536 genennet wird, ist dies Brauhaws eyns der eltesten allhier.«

Wirtshausschild vom »Spezial«.

»Obleyhof« in Baunach.

Der OBLEYHOF in dem Frankenstädtchen *Baunach* ist in mancherlei Beziehung bemerkenswert. Das beginnt schon beim Namen, der sich vom lateinischen Wort »obligatio« ableitet und eine Stiftung bedeutet. Durch einen Tausch war ein Burggut zu Baunach 1422 an das Bamberger Domkapitel gekommen, der es als einen »Obleyhof« an den Domkapitular Otto von Milz weitergab. Der Hof blieb bis 1803 im Besitz des Domkapitels und wurde als Lehen an Bauern vergeben, die ihn bewirtschafteten. Wenn auch ältere urkundliche Nachweise fehlen, so darf man doch annehmen, daß Brau- und Schankgerechtigkeit schon frühzeitig auf dem Anwesen lagen, die anläßlich einer Erbhuldigung im Jahre 1750 bestätigt wurden. Danach taucht dann erstmals die Bezeichnung »Schenkstatt zum Roten Ochsen« auf. Als nach dem Frieden von Preßburg anno 1805 das neugebildete Großherzogtum Würzburg dem österreichischen Kurfürsten von Salzburg-Toskana zugesprochen wurde, nannte der damalige Besitzer Balthasar Lang den »Roten Ochsen« nunmehr »Zum Schwarzen Adler« und ließ den habsburgischen Doppeladler an sein Tor malen. Er ziert es noch heute, wenn auch die Gaststätte in Erinnerung an die lange Geschichte wieder den Namen »Obleyhof« trägt.

Das alte Frankenstädtchen *Seßlach* – heute ein vielgerühmtes Kleinod spätmittelalterlicher Bauweise Oberfrankens – war über Jahrhunderte der nach Osten vorgeschobene Stützpunkt des Bistums Würzburg. Unter dessen Herrschaft blieb es bis zum Jahre 1806 und fiel dann dem Königreich Bayern zu. An der Ecke zum Maximiliansplatz und dort an das frühere Amtshaus der Würzburger Fürstbischöfe angrenzend, liegt der Gasthof ROTER OCHSE. Mit diesem Namen wird er erstmals 1620 genannt. Er dürfte aus einer ehemals fürstbischöflichen »Schenkstatt« des Würzburger Dompropstenhofes hervorgegangen sein, und das Datum seiner ersten Nennung markiert wahrscheinlich den Zeitpunkt, an dem die Schenke in bürgerliche Hände kam. Das läßt sich aus einem 1750 erstellten »Urbarium Über Die Hochfürstlich-Wirtzburgische Stadt und Amt Seßlach« schließen; denn hieraus kann man entnehmen, daß schon über ein Jahrhundert früher »die mangelnde Gewerbschaft und land-Strassen dies Orts« der Anlaß gewesen sein mögen, die Schenkstatt einem Seßlacher Bürger zu verkaufen. Heute ist Seßlach ein Ausflugsidyll für Coburger und weiter gereiste Fremde, die nach einem Gang durch die Vergangenheit auch in einer historischen Gaststätte Einkehr halten können.

»Roter Ochse« in Seßlach.

Der weiträumige Marktplatz in *Coburg* wird an seiner Nordseite von der ehemals fürstlichen Kanzlei Herzog Casimirs beherrscht, die dieser 1597 errichten ließ. Das mächtige repräsenta-

»Goldenes Kreuz« in Coburg.

Gastzimmer im »Goldenen Kreuz«.

tive Gebäude gibt dem danebenstehenden Gasthof GOLDENES KREUZ ein deutlich bürgerliches Gesicht. Nun stammt das dreigeschossige Traufseithaus freilich aus einer Zeit, als man in Coburg noch nicht so prunkvoll gebaut hat wie unter Herzog Casimir, denn durch die Inschrift eines Holzbalkens – A.D. 1477 – ist das Baujahr überliefert. Betrachtet man die Fassade näher, dann läßt sich trotz späterer Umbauten erkennen, daß das Nachbarhaus einmal dazugehörte und Teil eines recht großen Gebäudes war. Nach einer Häuserchronik ist es um diese Zeit Eigentum des Coburger Bürgers Heinz von Roten gewesen und besaß danach, um das Jahr 1500, mit großer Wahrscheinlichkeit das Schankrecht. Zwar wird der Name »Zum Kreuz« mit dem Hinweis auf die »Gastgerechtigkeit« erst 1700 urkundlich genannt, doch spricht vieles dafür, daß aus der Schenke schon früher ein Gasthof entstanden war. Coburg spielte im 16. und 17. Jahrhundert eine wichtige Rolle im Fernhandel zwischen Nürnberg und Leipzig, wodurch in der Stadt zahlreiche Werkstätten, Pferdehaltereien, Schenken und Gasthäuser notwendig wurden, um dem blühenden Überlandverkehr Rechnung zu tragen. Nach der Erstnennung des Namens »Zum Kreuz« gab es weiterhin manchen Besitzerwechsel, wobei die Schank- und Gastgerechtigkeit nach dem Realrecht aber auf dem Hause blieb wie auch der Name, der später nur in »Goldenes Kreuz« umgewandelt wurde. Diesen trägt der Gasthof noch heute mit dem Anspruch, der älteste Coburgs zu sein, dessen spätmittelalterliche Vergangenheit durch Eichenholzgebälk in der Gaststube wirkungsvoll unterstrichen wird.

Nordostwärts von Coburg überquerte eine Altstraße die Itz, ursprünglich in einer Furt, dann über eine Brücke. Das war der Grund, warum dort zum Schutz des Übergangs im Mittelalter eine Burg, danach ein Schloß und dann ein Dorf entstand, das den Namen *Oeslau* trägt. Unmittelbar bei der Brücke steht der Brauereigasthof GROSCH. Auch er hat seine Vorgeschichte, die sich bis zu einer Urkunde des Jahres 1451 zurückverfolgen läßt, in der eine »schenkstat« des Schlosses »Oßleyn« genannt wird. Das Schloß mit seinen Besitzungen ist später ein Kammergut der Coburger Herzöge geworden, die Schenkstatt wurde für den Ausschank des im Gut gebrauten Bieres verpachtet und schließlich 1736 an einen Oeslauer Einwohner verkauft, in dessen Familie der Gasthof seither verblieben ist. Gebraut wird heute noch beim »Grosch«, und der Gastwirt ist auch der Braumeister.

»Grosch« in Oeslau.

»Goldener Hirsch« in Kronach.

In vergangener Zeit, als noch die Flößer an dem großen Steinwehr der Haßlach in *Kronach* ihre »Blöcker« zur Weitertrift stauten, war das jedesmal die rechte Gelegenheit, zu einer Brotzeit und einer Maß an der Klosterbrücke im GOLDENEN HIRSCHEN einzukehren. Das behäbige Haus mit seinem schönen fränkischen Fachwerk ist nach dem großen Brand im Dreißigjährigen Krieg erbaut worden. Die Besitzer wechselten dann mehrfach, bis 1772 der »Hirschenwirt« Adam Brückner das Anwesen erwarb. Damit beginnt die eigentliche Geschichte des Gasthauses, das bis zur Jahrhundertwende auch mit einer Brauerei verbunden war. Nun sind schon lange nicht mehr Flößer die Gäste; deren Zeit, an die noch das Flößermuseum in Marktrodach und die »Flößer-Kerwa« erinnern, ist längst vorbei. An ihrer Stelle kehren heute Wanderer und Touristen im »Hirschen« ein, die das an Baudenkmälern reiche Kronach oder aber der Frankenwald angelockt hat.

Weißenstadt liegt am Oberlauf der Eger und an einer alten Straße, die von Bayreuth über Gefrees kommend nach Schirnding weiterführt. Hier wurde 1695 das »Untere Wirtshaus« erbaut, das später den Namen »Goldener Adler« erhielt. Seine große Zeit begann 1786, als die Post der Thurn und Taxis dort eine Poststation einrichtete und es nun den kaiserlichen Doppeladler führen durfte. Zwar wurde der Gasthof im Zuge der politischen Veränderungen eine königlich-bayerische Poststation, doch verweist sein Name REICHSADLER noch

»Reichsadler« in Weißenstadt.

heute auf die Zeit der Taxis-Post. Auch das Wandschild an der vorderen Giebelseite und der schön geschwungene Ausleger zeigen den Doppeladler. Im letzteren ist außerdem das Wiederaufbaujahr der »Alten Post« nach dem großen Brand in Weißenstadt im Jahre 1829 mit den Initialen JPB des damaligen Besitzers Johann Paulus Beyer eingefügt. Und schließlich ist es das Bild eines Postreiters neben einer Sonnenuhr an der Straßenfront, beides seit der Renovierung von 1930 erhalten, das den Gast an die alte Thurn- und Taxisherrlichkeit erinnern soll.

»Forelle« in Weihersmühle.

Zu den vielen Mühlen im Tal der Weismain, die im Norden der Frankenalb entspringt und dem großen Bruder Main zufließt, gehört auch die alte Weihersmühle. Schon 1356 wird sie erstmals genannt, die erhaltenen Gebäude sind allerdings später, im 16. Jahrhundert, errichtet worden. Eines der Nebengebäude hat man 1798 zu einem Gasthaus umgebaut, nachdem zuvor, nämlich anno 1754, dem dortigen Müller die schon früher bestandene Brau- und Schankgerechtigkeit erneut verliehen worden war. Dies geschah durch eine Urkunde mit Siegel des Bamberger Fürstbischofs Franz Conrad, die noch heute im Gasthof FORELLE, einem beliebten Ausflugsziel im Weismaintal, aufbewahrt wird. Ihre Präambel ist in der damaligen Amtssprache so vielsagend, daß sie dem Leser nicht vorenthalten werden soll:

»Von Gottes Gnaden, Wir, Franz Conrad, Bischoff zu Bamberg, des Heiligen Römischen Reichs Fürst, dann des Dom- und Neben-Stiffts Haug zu Würtzburg Probst etc. etc. etc. Demnach Uns unsser Fürstlich Bambergischer Unterthan und Müller zu Arnstein Bernhard Rehr in Unterthänigkeit belanget hat, daß Wir gnädigst geruhen mögten, ihm die auf der besitzenden und Unserer Fürstlich Bambergischen Hof Cammer zu Lehen ruhenden sogenannten Weyers-Mühle ehemals aber nicht ausgeübte Brau-Gerechtigkeit aus landesfürstlichen höchsten Gnaden wiederum zu bestätigen und nebst der Schankgerechtigkeit neuerlich fürstmildest zu verleihen.«

»Braustübl« in Forchheim.

In den letzten Jahrzehnten ist *Forchheim* weit über seine alten Grenzen hinausgewachsen, während der altertümliche Stadtkern mit seinen schönen Stein- und Fachwerkbauten erhalten blieb. Zu diesen Kulturdenkmälern zählen auch einige historische Gaststätten, darunter das BRAUSTÜBL, das ehemalige Gasthaus »Zum Schwarzen Adler«. Sein steiler Fachwerkgiebel und die in Forchheim verbreitete Anordnung der »Andreaskreuze« in der Brüstung des Obergeschosses vermitteln den typischen Eindruck eines fränkischen Hauses zu

Anfang des 17. Jahrhunderts, dessen Bauzeit durch die Beschriftung an der Ostseite – H. S. 1604 – auch bestätigt wird. Das Erdgeschoß aus Sandstein mit dem im Halbkreisbogen abschließenden Eingang und die mit guter Anpassung zu Anfang unseres Jahrhunderts eingebrachten ebenfalls rundbogigen Fenster geben dem Ganzen das Bild eines altfränkischen Gasthofes, das durch den kleinen schattigen Wirtsgarten harmonisch ergänzt wird und die Vorstellung einer Wirtsstube mit gemütlicher Gastlichkeit schon von außen ankündigt.

Gasthof und Brauerei »Zum Schwarzen Adler« in Pegnitz (um 1870).

»Pflaums Post Hotel« in Pegnitz.

Wer nach *Pegnitz* kommt und dort in PFLAUMS POST HOTEL absteigt, wird nicht auf den ersten Blick vermuten, daß er in einer historischen Gaststätte einkehrt. Es ist auch nicht mehr der alte Name, den das Haus trägt. Denn als der Metzger Johann Pflaum im Jahre 1787 auf dem Grund des »Brehmelshofes« dort einen Neubau errichtete, nannte er seinen Gasthof »Schwarzer Adler«. Wie dieser aussah, wissen wir durch ein Bild, das ihn mit der Brauerei, den Stallungen und dem großen »Post-Garten« rund hundert Jahre später zeigt. Seit die Thurn-und-Taxis-Post ihren stark befahrenen Kurs von Nürnberg nach Bayreuth über Pegnitz laufen ließ, war der »Schwarze Adler« auch Posthalterei. An diese Tradition knüpft das Hotel mit seinem jetzigen Namen an und belegt damit die Absicht, neuzeitliche Gastronomie mit überkommener Gastlichkeit zu verbinden.

Verzeichnis der Orte und Gaststätten

Bildquellennachweis

Bildarchiv Foto Marburg 13
Fürst Thurn und Taxis, Zentralarchiv-Hofbibliothek, Regensburg 24
Germanisches Nationalmuseum, Nürnberg 18, 22
Gesellschaft zur Erforschung der Postgeschichte in Bayern, München 46
Kupferstichkabinett, Berlin 19
Karl Pfeiffer's Buchdruckerei und Verlag, Hersbruck 82
Stadtarchiv, Lauf 39
Stadtbibliothek, Nürnberg 11, 17
Die übrigen Abbildungen stammen aus Privatbesitz; alle Farbbilder und Schwarzweißfotos der Gaststätten sind vom Verfasser.

Anhang

Anmerkungen und Ergänzungen

Gastrecht und Gastung

Als der römische Geschichtsschreiber Tacitus im 1. Jahrhundert nach Christi Geburt mit den Germanen in Berührung gekommen war, überraschte es ihn, daß dort das Gastrecht noch so vollkommen erhalten war. So schreibt er in einem Kapitel seiner »Germania«: »Zu Bewirtungen und gastlichem Leben hat kein anderes Volk eine so unbeschränkte Neigung. Irgendwem, wer es auch sei, seine Türe zu verschließen, gilt als ein Unrecht. Jeder bewirtet den Gast an dem nach Kräften reichlich besetzten Tische.«

Die allgemeine und für alle geltende Gastfreundschaft war aus dem germanischen Recht und aus dem Gebot christlicher Nächstenliebe hervorgegangen. So waren in Klöstern und Städten die Hospize, Spitale und Herbergen entstanden. Aber auch diese Institutionen, die dem alten Gastrecht Genüge taten, waren auf die Dauer überfordert. Um das Jahr 1000 zählte die Bevölkerung im deutschsprachigen Raum noch deutlich unter fünf Millionen, 250 Jahre später hatte sie die Zehnmillionengrenze bereits überschritten. Das führte auch zu einem Anwachsen des Verkehrs; immer mehr Menschen waren unterwegs, die in der alten Weise nicht mehr betreut werden konnten. So mußte die Gastfreundschaft auf der einen und das Gastrecht auf der anderen Seite eingeschränkt werden; die Gastlichkeit wurde zu einem notwendigen Gewerbe. Aber auch in dieser neuen Epoche blieben Reste des überkommenen Gastrechtes erhalten, wenn auch nur insofern, daß der Wirt niemanden von der Tür weisen durfte, selbst den Bettler nicht, wenn keine anderweitige Vorsorge für ihn getroffen war. Auch für den Schutz des Gastes war der Wirt in Pflicht, wozu er mancherorts verlangen konnte, daß die Waffen beim Eintritt in das Gasthaus abzulegen waren, eine Weisung, die auf die »Lex Bavarica« zurückging.

Auf anderen Gründen beruhte die »Gastung«, das heißt das Recht des Königs und seiner Amtsträger auf Beherbergung und Verpflegung, wozu alle geistlichen Institutionen und die späteren Städte verpflichtet waren.

Die fränkischen Könige des Mittelalters residierten nicht an einem festen Ort als ihrer »Hauptstadt«. Sie regierten ihr Reich seit der Zeit der Karolinger vielmehr in der Form eines »Reisekönigtums«, das heißt, sie waren mit ihrem Hofstaat innerhalb des Herrschaftsgebietes ständig unterwegs. Deshalb waren an wichtigen Straßen die Pfalzen entstanden, wo der König sich mit seiner Begleitung aufhielt, manchmal über längere Zeit. Doch mußte er aus örtlichen wie aus zeitlichen Gründen auch anderweitig untergebracht werden, wofür er sich auf das »servitium regis«, den Königsdienst, stützen konnte, den die königlichen Güter, die Bistümer und die Abteien zu erbringen hatten. Das Recht der »Gastung« nahmen in späterer Zeit mehr und mehr auch die neuen Grundherren in Anspruch, ein Umstand, der für die Betroffenen oft genug zu einer schweren wirtschaftlichen Belastung werden konnte. Dies galt insbesondere dann, wenn ein kaiserliches Gefolge aus besonderem Anlaß unterwegs war, wie zum Beispiel anno 1612, als Kaiser Mathias auf der Rückreise nach seiner Krönung in Frankfurt auch Würzburg besuchte und auf der Marienburg Quartier nahm. Wenn hierüber berichtet wird, daß zu dem kaiserlichen Troß außer Kanzler, Kämmerer und Offizieren an die 540 Reisige, 750 Diener und 2500 Mannschaften mit 1173 Trägerpferden gehörten, dann läßt sich ermessen, daß den Betroffenen hierbei keine geringe finanzielle Last aufgebürdet wurde.

Ehrenempfänge waren auch in späterer Zeit allerorten üblich, wobei sich ein solcher in der Reichsstadt Weißenburg recht bescheiden ausnimmt. Als der regierende Minister Freiherr von Hardenberg 1797 nach Weißenburg kam und dort in der »Goldenen Rose« abstieg, wurde er von einer Ratsdeputation empfangen. In der Chronik heißt es weiter: »...und gleich darauf kam Hr. Pflegverwalter Lorenz Breu mit 12 in schwarze Mäntel gehüllten Bürgern, welche den Ehrenwein in den vierundzwanzig zinnernen Kannen überreichten; auch wurden zwei Simra Habergeschenk auf einer neuen Schleife durch den Stadtknecht angefahren.«

Urkunden

Unsere Kenntnisse über das gesellschaftliche und religiöse Leben des Mittelalters beruhen auf Berichten und Lebensbeschreibungen von Zeitgenossen, im besonderen Maße aber auch auf Urkunden der Könige und Kaiser, der Päpste, der Reichsfürsten und später der Landesfürsten. Hinzu kommen die Schenkungsurkunden, auch die von Privatpersonen, durch die der Kirche mit Besitz und politischen Rechten die Grundlagen zur Territorialherrschaft gegeben wurden. Was unser Thema der historischen Gaststätten angeht, tauchen die frühesten Urkunden im Zusammenhang mit der Vergabe von Lehen und Gerechtsamen oder Verkäufen erst im 14. Jahrhundert auf. Die älteste Urkunde, die einen deutschen Gasthof betrifft, scheint jene des »Roten Bären« in Freiburg i. Br. zu sein, in der am 13. März 1387 vom »Hanmanwirt zu dem Roten Bern« die Rede ist. In Franken wird der Vorläufer des »Schwarzen Adler« in Mögeldorf bereits 1398 in einem Lehensbrief als »Schenkstatt« genannt. Für das »Rote Roß« in Großhabersdorf gibt es eine Urkunde aus dem Jahre 1444, als der erste Markgraf von Ansbach neben mehreren dortigen Gütern auch eine Schenkstatt erwarb, deren Wirt ihm zu »gülten« hatte. Ähnlich ist es bei dem Brauereigasthof »Grosch« in Oeslau, der auf eine Schenkstatt der Herren von Rosenau zurückgeht, die in einem Lehensbrief des Abtes Rüdiger von Saalfeld vom 28.

März 1451 genannt wird. In allen diesen Fällen ist die Kontinuität der Schenken zu den heutigen Gaststätten nachzuweisen.
Beim »Goldenen Posthorn« in Nürnberg ist es der Verkauf der Behausung »zum guldinn horn«, mit dessen Beurkundung anno 1498 das traditionsreiche Weinlokal seine überlieferte Geschichte beginnt. Es gab aber auch andere Anlässe hierfür, wie zum Beispiel die Taufe eines Sohnes, bei der im Taufregister zu Lauf an der Pegnitz im Jahre 1624 der Vater als Bürger und Gastgeber »auff der Fürstenherberge« erscheint, die der heute noch existierende »Wilde Mann« gewesen ist. Eine besondere Rolle hat für das Gastgewerbe bis zum Ende des »Alten Reiches« die Verleihung der »Gastgerechtigkeit« gespielt, deren wohl älteste Beurkundung durch einen »Erbrechtsbrief« des Jahres 1463 für die »Tafer« bei Mintraching erhalten ist.
In ihm bestätigt Herzog Ludwig von Bayern »... das wir Geörgen Geännter / seiner Hausfrauen / Ir bayder Erben und nachkommen / Erbrecht geben haben / und geben auch in Crafft des Briefs / auf der Tafern zu Neufahrn zum heyl Geist / auf dem Gefihl / und das ist Urbar / auf Unnsern Casten Landtshueth ...«
So waren es in der Vergangenheit unterschiedliche Anlässe, die einer Gaststätte durch erhaltene Lehens- und Kaufbriefe oder anderweitige Urkunden ihre Tradition bescheinigen.

Vom Weinbau in Franken

Die Römer waren es, die den Weinbau in die von ihnen eroberten Gebiete gebracht haben: nach Burgund und in das Elsaß, an den Rhein, an die Mosel und an den Neckar. Später, unter den Merowingern und Karolingern, hat er sich nach Osten, den Main aufwärts, ausgebreitet. Erste authentische Nachrichten über den Weinbau in Franken stammen aus karolingischer Zeit. Die älteste Quelle ist eine Schenkungsurkunde Karls des Großen aus dem Jahre 777, durch die der Benediktinerabtei Fulda das Königsgut Hammelburg mit acht Weinbergen am Saaleck übereignet wurde. Auch zwei Markungsbeschreibungen des Würzburger Umlandes von 779 gehen auf die Anweisung des Kaisers zurück. Eine davon ist bereits in altdeutscher Sprache verfaßt und beschreibt die rechtsmainische Markungsgrenze, die durch »fredthantes Wingarten« verlief, also durch den Weingarten eines Franken namens Fredthant.
Seit jener Zeit war es vor allem den Anstrengungen der kirchlichen Grundherren zu verdanken, daß der Weinbau sich auf weite Teile Frankens ausdehnte. Stetten im Tal der Wern wird 816 genannt, Frickenhausen 903, Weinberge zwischen dem Main und dem Steigerwald im Jahre 918. Auch die Veredelung der Reben ist schon damals maßgeblich vorangebracht worden. Der Frankenwein genoß bald hohen Ruf, wie aus der 1179 verfaßten Schrift »Physik« der heiligen Hildegard von Bingen er-

sichtlich ist, die ihm ob seiner heilsamen Wirkung Lob vor anderen Weinen zollt.
Über Jahrhunderte war der Wein für Franken ein landwirtschaftliches Erzeugnis von hervorragender Bedeutung, da ein großer Anteil der Einkünfte geistlicher und weltlicher Grundherren hierauf beruhte: auf Weinzehnt, auf Ungeld, das heißt einer Verbrauchssteuer, und auf Weinzöllen. Auch ein Teil der Entlohnung von Beamten und Weinbauern geschah durch Abgabe von Wein.
Die Voraussetzungen für den Weinbau waren in jener Zeit durch günstige klimatische Bedingungen gegeben, so daß er auch an den Talhängen von Saale, Sinn und Werra und bis zu den Ausläufern des Spessart, der Rhön und des Thüringer Waldes betrieben werden konnte.
Natürlich gab es auch damals Mißernten durch Unwetter, Frost und Schädlingsfraß, die Berichte über gute Weinlesen überwiegen aber deutlich. Nicht selten wird, wie von dem Würzburger Lorenz Fries, berichtet: »In dem 1386 jahr war so ein großer und reicher Herbst, daß man nicht faß gnug bekommen mochte, darein man den wein allen fasset.«
Erst seit dem 15. Jahrhundert ging der Weinbau in einzelnen Regionen Frankens mehr und mehr zurück. In manchen Gegenden verdrängte der Hopfen den Rebstock, der sich im Laufe der Zeit bis auf die heutigen Weinbaugebiete Frankens zurückzog.

Vom Bier

Die Sumerer, die das Land am Euphrat und Tigris bewohnt haben, sind um die Wende des 4. zum 3. Jahrtausend vor Christi Geburt nachzuweisen. Sie gelten als das älteste Volk, das aus Getreide Bier gebraut hat. Nach ihnen waren es die Babylonier, die Ägypter, danach auch die Gallier und Hunnen, welche die Kunst des Bierbrauens verstanden. Von den Germanen ist bekannt, daß sie ein Getränk herstellten, das mit vergorenem Honig versetzt war und als Met bezeichnet wird. Es hat bei ihnen aber auch schon ein – wenn auch unvollkommenes – Bier gegeben, das aus Hafer und Gerste gewonnen wurde. Hierzu haben sie Gewürze, wie Myrte und Wacholder, verwandt, so daß ihr Getränk vom Geschmack des heutigen Biers weit entfernt war. Dieser ist erst entstanden, seitdem sich Anbau und Verwendung des Hopfens in Mitteleuropa verbreitet haben.
Die ältesten Urkunden, die den Hopfen in Deutschland bezeugen, stammen aus Bayern. Dort wird zuerst 736 von einem Hopfengarten bei Geisenfeld in der Hallertau berichtet, 768 von einem anderen in der Nähe des Klosters Freising und 860 von einem weiteren in der gleichen Gegend. Knapp zwei Jahrhunderte später hat ein Propst der Benediktinerabtei in Regensburg die Lebensgeschichte des heiligen Emmeram niedergeschrieben. Hierin heißt es über das Kollegialstift Spalt, daß dort Hopfen für die Herstellung von Bier angebaut werde.

In Franken hat sich der Hopfenbau auf bestimmte Gebiete konzentriert: auf das Spalter Hopfenland und auf das Hersbrucker Umland. Schon im 16. Jahrhundert war die Güte des Spalter Hopfens so berühmt, daß der damalige Grundherr, der Fürstbischof von Eichstätt, der Stadt zum Schutz ihres Hopfens vor Fälschungen ein besonderes Hopfensiegel verlieh.
So ging die Verbreitung des Bieres in der Vergangenheit mit der Verwendung des Hopfens überein. Zum einen war es die erheblich verbesserte Haltbarkeit, zum anderen war es die Würze, die dem Bier durch den Hopfen den besonderen Geschmack verliehen hat. Hinzu kam für die Güte des Bieres aber ein Drittes: das neuerdings wieder einmal ins Gespräch gekommene »Reinheitsgebot«, das bayerischen Ursprungs ist. Schon 1447 verlangte der Rat der Stadt München, Bier »nur allein von gersten / hopffen und wasser / und sunst nichts darunter tun noch sieden / oder man straf es für falsch«. Anno 1516 wurde das Reinheitsgebot zum Landesgesetz, das auf dem »Landt-Tag« zu Ingolstadt verkündet wurde: »Wie das Pier summer vnd wintter auffin Lannd sol geschennckt geprawen werden« und in dem es heißt: »Wir wöllen auch sonnderlichen / das füran allenthalben in vnsern Stettn / Märckten / vnnd auf dem Lannde / zu kainem Pier / merer stuckh / dann allain Gersten / hopffen vnd wasser genomen vnnd gepraucht söll werden.«

Küche und Tafel

Bis weit in das Spätmittelalter und bis in die Neuzeit hinein gab es in Deutschland während der kalten Jahreszeit – vor allem in den Städten – kaum frisches Fleisch oder frische Fische. Einer der Gründe bestand darin, daß es schwierig war, genügend Tiere durch den Winter zu bringen oder bei beschwerlichen Verkehrsverhältnissen bis zum Abnehmer zu befördern. So mußte die Nahrung konserviert und bevorratet werden, was schon von alters her durch Salzen und durch Trocknen geschah. Auch die Küchen mit ihrer Einrichtung und ihren Geräten waren auf diese Art der Ernährung abgestimmt, wobei Größe und Aufwand dem sozialen Status des Haushaltes entsprachen und recht große Unterschiede aufzuweisen hatten, wie sich in unseren kulturgeschichtlichen Museen unschwer feststellen läßt. Das gleiche gilt natürlich auch für die Gaststätten. Sie hatten zwar ursprünglich nur Beherbergung und Ausschank zu bieten; für die Kost mußte der Reisende selbst Sorge tragen oder er verpflegte sich in den Garküchen, die es in den Städten gab. Mit dem Anwachsen des Reiseverkehrs trat jedoch allmählich ein Wandel ein, so daß die Küchen der Gasthöfe bald ein wichtiger Bestandteil ihres Gewerbes geworden sind.
Auf alten Holzschnitten und Kupferstichen ist im Zentrum der Küche der gemauerte Herd zu erkennen, über dessen offenem Feuer die Kessel zum Kochen und Wärmen unter dem

Rauchfang hängen. Auf der großen Platte rund um das Feuer stehen Stielpfannen verschiedener Größen und Bratenwender für Fleischstücke, Wild und Geflügel. An den Wänden gibt es Gestelle für das übrige Küchengerät, für Krüge, kleinere Töpfe, Schüsseln und Teller, auf dem Boden stehen Bottiche, Eimer und Körbe. An der Decke und am Kamin sind Stangen befestigt, an denen Fleischstücke, Würste und Fische zum Dörren und Räuchern hängen.

Die Tafel war ursprünglich für ein gemeinsames Mahl eingerichtet, an dem der Wirt teilnahm. So heißt es in der Straßburger Ausgabe des »Ulenspiegel« von 1515: »... und da es zwölff schlug / da ward der Tisch gedecket / die Kost ward darauff gebracht. Der Wirt setzte sich mit den Gästen ...«

Allmählich wurde es üblich, anstelle einer langen Tafel einzelne Tische aufzustellen; mit der Zeit wurden auch unterschiedliche Mahlzeiten für den individuellen Geschmack gereicht, das »Table d'hôte«, das gemeinsame Mahl, hat sich daneben aber noch lange gehalten.

Das Mobiliar war ursprünglich recht einfach: ein großer, blankgescheuerter Tisch, lange Bänke, Stühle und Hocker. In Herbergen, die nur einen einzigen Gastraum besaßen, in dem auch genächtigt wurde, mußte die »Tafel aufgehoben« werden, um Platz für das Nachtlager zu schaffen. Was die Eßgeräte betraf, gab es zunächst keinen besonderen Komfort. Messer führten die Reisenden mit sich, am Tisch nahm man die tranchierten Fleischstücke auf Brotscheiben. Gegessen wurde mit den Fingern, Suppen und Brei mit dem Löffel aus den Schüsseln. In gehobeneren Kreisen kamen Näpfe und Teller in Gebrauch, später, etwa ab dem 16. und 17. Jahrhundert, auch Bestecke. Im Jahre 1518 war das für einen französischen Reisenden, der an einem Bankett des Dogen von Venedig teilnahm, so bemerkenswert, daß er folgendes berichtete: »Diese Seigneurs nehmen, wenn sie essen wollen, das Fleisch mit einer silbernen Gabel auf.«

Berichten zufolge wurden den Speisen an Festtagen und sonstigen besonderen Anlässen reichlich zugesprochen. Man tat sich wie beim Trinken keinen Zwang an und war, soweit die pekuniäre Seite es erlaubte, durchaus bereit, hierfür auch tief in die Tasche zu greifen. Dies scheint bei Bauern, Handwerkern und Angehörigen der vornehmen Gesellschaft gleichermaßen verbreitet gewesen zu sein, wobei es natürlich graduelle Unterschiede gab. So werden für ein Festessen, das ein Dr. Christoph Scheurl zu Ehren Melanchthons am 25. November 1525 in Nürnberg gab, die folgenden Speisen genannt:

Saukopf und Lendenbraten in saurer Sauce – Forellen und Äschen – fünf Rebhühner – acht Vögel – als Braten ein Kapaun – Hecht in Sülze – Wildschweinfleisch in Pfeffersauce –

Käsekuchen und Obst – Pistaziennüsse – Lebkuchen und Konfekt.
Von einem Festessen der Häfnerzunft zu Würzburg im Gasthof zum Schwan wird aus der Mitte des 18. Jahrhunderts berichtet, daß es neben Brot und Wein die folgenden Gerichte gab: Suppe, Rindfleisch mit Senf und Meerrettich, Gemüse, eingemachtes Kalbfleisch, ein Schweinsbraten, Reisbrei mit Würsten, eine gebratene Kalbskeule, eine gebratene Gans und der sogenannte Ganspfeffer, 2 Paar gebratene Hühner, Bratwürste und Salat, ein Darmplatz, zum Nachtisch Honig und Obst.
Solche und andere Berichte können aber keineswegs darüber hinwegtäuschen, daß es auch in der Vergangenheit recht einfache und ärmliche Verhältnisse gab. Mißernten und Hungersnöte haben oft genug weite Landstriche erfaßt, deren Folgen dann auch nicht an den Gasthöfen vorübergegangen sind. In solchen Zeitläufen mag es gewesen sein, als ein fahrender Gesell sein Lied über ein Straßenwirtshaus geschrieben hat und in dem es in einer Strophe heißt:

»Es gab ein Kraut war nicht geschmaltzen /
darauff ein Fleisch war nicht gesaltzen /
So war der Braten jnwendig roth /
auch gab er uns ein schimlichs Brodt.«

Die »gute Polizey«

Zu Beginn der Neuzeit umfaßte der Begriff der »Polizey«, der sich vom griechischen »politeia« als der Verfassung ableitet, die Gesamtheit der staatlichen Verwaltung neben der kirchlichen. Hierzu gab es im Alten Reich die »Reichsabschiede« als Beschlüsse des Reichstages, die dann zu den zahlreichen und oft erneuerten Verordnungen der Verwaltungen führten. Die oft pedantische Akribie der damaligen Vorschriften mag uns heute recht kleinlich erscheinen. Doch sollte man nicht übersehen, daß ihr Zweck darauf gerichtet war, dem Bürger in den Städten wie dem Bauern auf dem Lande die ständig gefährdete Sicherheit zu erhalten. Die Aufrechterhaltung der allzu häufig bedrohten Ordnung war das Ziel, und es waren alle Bereiche des öffentlichen Lebens einbezogen, so auch die Pflichten und Rechte von Gastgeber und Gast. Die »Reformation guter Polizey«, ein Reichsgesetz des Jahres 1530, enthält deshalb auch einen Abschnitt, der bezeichnenderweise »von theuer Zehren bey den Wirthen« betitelt ist.
Hierin heißt es u.a., es »Soll eine jede Obrigkeit ein Maß geben, wie theuer und wie hoch sie den Wein und Bier, Brod und Fleisch verkauffen mögen, nach Gelegenheit der Zeit und des Landes, so Wolfeyle oder Theurung zufallen würde. Deßgleichen soll durch jede Obrigkeit deß Stallmieths und Habern auch Ordnung und Maß gegeben werden und sonder-

lich, daß der Habern angeschlagen und den Wirthen nicht zugelassen werde, über den dritten oder vierten Pfennig davon zu gewinnen oder die Gäste ihres Gefallens daran zu übernehmen, alles mit Bussen und Straffen, die eine jede Obrigkeit, so an den Orten, da die Wirth gesessen, die Bürgerliche Oberkeit ohn Mittel haben, aufsetzen, einnehmen und damit die Ordnung handhaben und darüber halten sollen.«

Dieses Rahmengesetz war die Grundlage für die Landesverordnungen der Fürsten und der anderen Grundherren und für die Verordnungen der Städte, wie zum Beispiel noch zwei Jahrhunderte später in der 1723 erneuerten »Land-Polizey-Ordnung« der Freien Reichsstadt Rothenburg ob der Tauber. Darin heißt es im »eilfften Capitel« u.a.: »Und nachdeme in vorigen Jahren Edicta publicirt worden / daß Niemand bey Nacht über die gebührende Zeit sich in Wirths- und Bierhäusern finden lassen solle / bey Straf eines Gulden: als Wiederholen wir solches Verbott nochmalen hierhero / dergestalt / so einer Winterszeit über 8. und Sommers über 10. Uhr der kleinen darinnen oder auf der Gassen ohne Liecht betretten würde / derselbe nebenst dem Wirth ohnfehlbar mit obbemeldeter Straf oder mit dem Thurm angesehen werden solle.«

Reiseberichte

Über das Leben in den Gasthöfen des ausgehenden Mittelalters und am Anfang der Neuzeit gibt es zahlreiche Berichte. Zu ihnen gehören die Schwänke Till Eulenspiegels, die erstmals 1515 in Straßburg gedruckt wurden und in denen er über seine Erlebnisse in Herbergen in Bamberg, Köln, Rom und anderen Orten erzählt. Hans Sachs hat in ähnlicher Weise von seinen Erfahrungen auf der Wanderschaft berichtet. Sie mögen in manchem erfunden und satirisch gefärbt ein, doch werden sie in vielen Einzelheiten die Verhältnisse widerspiegeln. Auch die bekannte Schilderung des Erasmus von Rotterdam als lateinisch abgefaßter Dialog zwischen zwei Freunden, die 1558 in Amsterdam gedruckt wurde, ist in der wenig schmeichelhaften Darstellung eines deutschen Gasthofes sicher eine sarkastische Übertreibung, in der aber auch manches Körnchen Wahrheit stecken wird. So heißt es dort in der Einleitung: »Ob überall dieselbe Art die Gäste zu behandeln herrscht, weiß ich nicht; ich kann nur erzählen, was ich selber sah. Den Ankommenden begrüßt kein Mensch, damit es ja nicht den Anschein habe, als ob sie auf Gäste auswären, denn das halten sie für schmutzig und gemein, eines ernsthaften Deutschen unwürdig. Hat man lange genug gerufen, so streckt schließlich jemand den Kopf aus einem Fensterlein der geheizten Stube. In geheizten Stuben wohnen sie bis Mitte des Sommers. Man wird an eine

Schildkröte erinnert, die den Kopf aus ihrer Schale hervorstreckt. Diesen Menschen muß man fragen, ob man hier nächtigen könne. Sagt er nicht nein, so bedeutet das: du findest Platz.«

Anderes weiß der Niederländer Arnoldus Buchelius über eine Reise nach Deutschland im Jahre 1587 zu berichten: »Bei den Gelagen und Mahlzeiten macht man auch in den Gasthöfen vielen Aufwand. Man breitet ein Tischtuch aus und trägt Wein auf; dann folgt nach einer Stunde die Speise und darauf erst setzt man sich nach einigen Zeremonien zu Tisch. Wenn der Wirt einen sieht, der von der Reise ermüdet ist, so läßt er ihm abends ein Waschbecken mit warmen Wasser auf sein Schlafzimmer bringen; in diesem sind Kräuter gekocht, die zur Stärkung der Füße gut sind. Dies finden wir noch in anderen Herbergen.«

Ähnliches hört man von anderen Reisenden, sowohl was Kost und Getränke als auch was die Unterkunft betrifft. So weiß der Philosoph Michel Eyquem de Montaigne viel Gutes über die Gasthöfe in Deutschland zu berichten, in denen er als Franzose selbst die deutschen Federbetten gut fand! Gegensätzliches steht in der »Zimmerschen Chronik« aus dem 16. Jahrhundert, in der es heißt: Die beiden Grafen von Eberstein und von Zimmern konnten nirgendwo unterkommen, sie mußten in einem der Wirtshäuser übernachten. Der Graf von Zimmern legte sich in das Stroh, das man in der Wirtsstube ausgebreitet hatte, und Graf Eberstein versuchte auf der Bank zu schlafen. »Nun war aber das haus allain gestickt und geklaipt, wie dann am Rheinstrom der gebrauch, also das schier an allen wenden der luft einher trang. Sodann der junger herr sich mit dem angesicht gegen den fenstern kert, so gieng im der luft an leib, kert er sich dann umb, so gieng im der luft an den ruggen und die lenden.«

Auch Damen fürstlichen Geblüts konnten nicht immer nach ihrem Geschmack untergebracht werden. Wilhelmine von Bayreuth, die Lieblingsschwester des Preußenkönigs Friedrich des Großen, beschreibt in ihren Memoiren ihre beschwerliche Reise in die Markgrafschaft im Winter 1732. Von der letzten Station vor Bayreuth berichtet sie: »Ich reiste am nächsten Tag endlich ab und kam bis Gefrees, wo der Markgraf meiner harrte. Er empfing mich in einer Schenke. Um mich über die schlechte Herberge zu trösten, versicherte er mir, Kaiser Josef habe einmal darin übernachtet.«

So darf man, alles in allem gesehen, wohl den gleichen Schluß ziehen wie Friedrich Rauers in seiner »Kulturgeschichte der Gaststätten«: Daß es schon immer gute und schlechte Gaststätten gegeben hat und dies wohl auch für alle Zeiten so bleiben wird.

Literatur

Balles, M., Arnstein in Vergangenheit und Gegenwart. Arnstein 1913.

Bauer, H., Geschichte der Stadt Pegnitz, Pegnitz 1938.

Bayer, L., Mögeldorf, der Schmausenbuck und der Nürnberger Reichswald, Nürnberg 1952.

Benker, G., Der Gasthof, München 1974.

Bonacker, W., Grundriß der fränkischen Kartographie des 16. und 17. Jahrhunderts, in: Mainfränkische Hefte Nr. 33, Volkach 1959.

Breibeck, O. E., Das fünfte Element der Bayern, Regensburg 1978.

Breuer, T., Bayerische Kunstdenkmale: Stadt und Landkreis Forchheim, München 1961.
Landkreis Lichtenfels, München 1962.
Landkreis Kronach, München 1963.

Clas, L., Weißenstadt im Fichtelgebirge und seine »Alte Post«, in: Fränkische Monatshefte, Nürnberg 1932.

Dörr, L., Die Benediktinerabtei Münsterschwarzach, Münsterschwarzach 1965.

Gebesseler, A., Bayerische Kunstdenkmale: Stadt und Landkreis Dinkelsbühl, München 1962.
Stadt und Landkreis Erlangen, München 1962.
Stadt und Landkreis Fürth, München 1963.

Genee, R., Der Krämerskorb von Hans Sachs (1554), Berlin 1894.

Gesellschaft der Erforschung der Postgeschichte in Bayern, Archiv für Postgeschichte in Bayern, Jg. 1927 bis 1957.

Hartig, K., Die Geschichte des Landstädtchens Seßlach, Seßlach 1934.

Hoffmann, M., Goldener Anker und Schwarzer Walfisch, ein Führer durch denkwürdige Gaststätten, Berlin 1940.
5000 Jahre Bier, Frankfurt a. M. 1956.
Geschichte des deutschen Hotels vom Mittelalter bis zur Gegenwart, Heidelberg 1961.

Glückert, E., Kulturdenkmäler im Neunhofer Land, in: Frankenland, Heft 5, Würzburg 1976.

Hoh, J., Zur Geschichte der Schenkstatt zu Biebelried, o. J. (Mskr.).

Kremer, H., Geschichte des Gasthauses „Zum Goldenen Hirschen“, Kronach 1977 (Mskr.).

Krimm, K., Stadt und Amt Baunach, Baunach 1974.

Lippert, K. L., Bayerische Kunstdenkmale: Landkreis Staffelstein, München 1968.

Lutz, W., Die Geschichte des Weinbaus in Würzburg im Mittelalter und in der Neuzeit bis 1800, in: Mainfränkische Hefte Nr. 43, Volkach 1965.

Memminger, Th., Würzburgs Straßen und Bauten, Würzburg 1921.

Meyer, W. und Schwemmer, W., Die Kunstdenkmäler von Bayern; Landkreis Lauf a. d. Pegnitz, München 1966.

Piendl, M., Das Fürstliche Haus Thurn und Taxis, zur Geschichte des Hauses und der Thurn und Taxis Post, Regensburg 1975.

Potthoff, O. B. und
Koschenhessen, G., Kulturgeschichte der deutschen Gaststätte, Berlin 1932.

Ramisch, H. K., Bayerische Kunstdenkmale: Landkreis Feuchtwangen, München 1964.

Rauers, F., Zur Geschichte der alten Handelsstraßen in Deutschland, Gotha 1902.
Kulturgeschichte der Gaststätte, Bd. I und II, Berlin 1941.

Rugel, L., Studienreihe Alt-Brückenau, Bd. II, Bad Brükkenau 1975.

Schnizzer, M. S., Chronik der Stadt Neustadt a. d. Aisch von 1708, Neustadt an der Aisch 1938 (Nachdruck).

Schnurrer, L., Heinrich Toppler, in: Rothenburg und das Taubertal (Merian), Hamburg 1978.

Schulz, F. T., Nürnbergs Bürgerhäuser und ihre Ausstattung, Bd. 1, Leipzig und Wien 1933.

Sommerschuh, D., Aus der Geschichte Großhabersdorfs, Großhabersdorf 1964.

Tannahill, R., Kulturgeschichte des Essens, Wien 1973.

Treue, W., Das Hausbuch der Mendelschen Zwölfbruderstiftung zu Nürnberg. Deutsche Handwerksbilder des 15. und 16. Jahrhunderts, München 1965.

Voltz, G., Chronik der Stadt Weissenburg im Nordgau, Weissenburg 1835.

Werbrun, G., Aschaffenburger Geschichtsblätter, Aschaffenburg 1908 ff.

Wunschel, G., Häuserchronik Alt Fürth, Fürth 1940.